Carrément cuisine

100 RECETTES
autour du monde

hachette
CUISINE

Ce livre, c'est 100 recettes goûtées et approuvées, variées et simples à préparer avec des ingrédients faciles à trouver… la base du bon livre de cuisine ! Mais nous avons voulu vous apporter plus encore avec des astuces et des idées qui font débuter le plaisir de cuisiner dès l'ouverture du livre.

1. Fini les listes de courses griffonnées sur de petits papiers que l'on ne retrouve jamais ou qui traînent au fond du cabas. **Choisissez les recettes qui vous font envie, sortez votre smartphone et tagguez le QR code qui figure en bas de la liste des ingrédients.**
Vous y aurez accès quand bon vous semblera ! *(Nous vous conseillons d'utiliser les applications i-nigma, Qrafter ou qr scanner disponibles gratuitement sur iPhone et Androïd).*

2. Fini le manque d'inspiration et les éternelles questions sur le menu du jour. Les chapitres du livre ont été pensés par continent. **Plats et desserts typiques des quatre coins du monde sont rassemblés dans des chapitres organisés en fonction de leur pays d'origine.** Faites votre choix et composez votre menu en un clin d'œil.

La cuisine « Autour du monde » ce sont :

- Des **spécialités européennes** de la Grèce à l'Angleterre avec un détour par l'Espagne

> *Rendez-vous page 14*

• De **grands classiques marocains** aux saveurs sucrées-salées
> *Rendez-vous page 58*

• Des **recettes asiatiques** venues de Chine, d'Inde, du Japon ou encore du Vietnam
> *Rendez-vous page 88*

• Des **spécialités** « made in USA »
> *Rendez-vous page 152*

• Des **recettes sud-américaines** en provenance d'Argentine, du Pérou mais aussi du Brésil et du Chili
> *Rendez-vous page 166*

• De **grands classiques créoles** au bout goût d'exotisme
> *Rendez-vous page 212*

3. Et parce qu'on a jamais assez d'idées, vous trouverez au début de ce livre **des sommaires illustrés pour devenir un pro de la cuisine autour du monde.**

• **Pour débuter :** Muffins anglais, Riz cantonais, Burger classique, etc.
> *Rendez-vous page 6*

• **Pour progresser :** Tajine de canard, cerises et pistaches, Sushis de thon, Bœuf créole, etc.
> *Rendez-vous page 8*

• **Pour cuisiner comme un pro :** Baklava, Raviolis chinois, Bar traditionnel à la guyanaise, etc.
> *Rendez-vous page 10*

SOMMAIRE

1. EUROPE

2. MAROC

3. ASIE

4. AMÉRIQUE DU NORD

5. AMÉRIQUE DU SUD

6. CRÉOLE

1

2

3

6

7

8

11

12

13

4

5

9

10

14

15

Quelques suggestions de recettes

POUR DÉBUTER

Et aussi ...

1

2

3

6

7

8

11

12

13

Quelques suggestions de recettes

POUR PROGRESSER

1 • Galette de polenta aux anchois gratinée au pecorino p. 16

2 • Fish and chips p. 24

3 • Lemon curd p. 28

4 • Albondigas (boulettes de viande) p. 36

5 • Pita à la feta et menthe p. 42

6 • Tajine de canard, cerises et pistaches p. 64

7 • Couscous de pigeon aux raisins confits p. 74

8 • Maftoul aux haricots rouges p. 76

9 • Sushis de thon p. 100

10 • Soupe japonaise au miso p. 102

11 • Pajeon (œufs sautés en galette) p. 120

12 • Purée de haricots rouges p. 184

13 • Chili aux courgettes p. 186

14 • Cake de nata p. 204

15 • Bœuf créole p. 214

Et aussi ...

Pie au bœuf, à la Guinness et aux petits pois p. 22, Fish and chips p. 24, Moussaka p. 48, Tajine d'agneau aux fruits secs et tomates confites p. 58, Tajine de kefta aux pruneaux, amandes et sésame p. 60, Tajine de bœuf aux courgettes p. 62, Couscous royal p. 68, Pastilla d'agneau p. 78, Soupe de crevettes à la citronnelle p. 106, Besan ladoos (mignardises à base de farine de pois chiches) p. 144, Kaju katli (losanges de noix de cajou) p. 146

1

Quelques suggestions de recettes

COMME UN PRO

1 • Dolmades (feuilles de vignes farcies) p. 44

2 • Baklava p. 50

3 • Cigares aux amandes p. 84

4 • Raviolis chinois p. 88

5 • Cheesecake p. 162

6 • Empanadas de atun p. 166

7 • Bar traditionnel à la guyanaise p. 196

Et aussi …

Tajine de sardines, coriandre et pommes de terre p. 66, Couscous kefta p. 70, Pastilla de pigeon p. 80, Cornes de gazelle p. 82, Raviolis chinois p. 88, Matambre p. 168, Ceviche de seiche et gambas au gingembre p. 176, Humitas p. 190, Acras de morue p. 198

ARROZ La Fallera
ARROZ La Fallera

1. EUROPE

RISOTTO À LA TRUFFE

Pour 4 personnes / 15 min de préparation / 20 min de cuisson

Ingrédients
220 g de riz arborio
70 cl de bouillon de volaille
½ oignon
3 cuil. à soupe d'huile d'olive
10 cl de vin blanc sec
40 g de beurre
30 g de truffe fraîche ou en bocal avec son jus
40 g de parmesan râpé
1 cuil. à soupe de crème fraîche
Sel, poivre

1. Faites chauffer le bouillon dans une casserole, gardez-le au chaud tout au long de la préparation de la recette.

2. Faites fondre sans coloration l'oignon haché 3 min dans l'huile d'olive dans une casserole à feu doux. Ajoutez le riz, nacrez-le en l'enrobant bien dans l'huile avec une spatule en bois puis versez le vin blanc, salez, poivrez, laissez cuire 5 min à feu vif.

3. Ajoutez 25 cl de bouillon dans la casserole, portez à ébullition, laissez cuire 17 à 18 min à feu moyen en ajoutant du bouillon au fur et à mesure qu'il est absorbé par le riz et en remuant très régulièrement.

4. Retirez la casserole du feu, continuez de mélanger en ajoutant le beurre froid en morceaux, la truffe coupée en fins morceaux ou en lamelles, le jus de truffe (si vous utilisez de la truffe en bocal) et le parmesan. Enrobez bien le riz avec puis ajoutez la crème fraîche et servez aussitôt.

CONSEIL

Vous pouvez remplacer la crème fraîche par 1 cuil. de mascarpone.

GALETTE DE POLENTA AUX ANCHOIS GRATINÉE AU PECORINO

Pour 4-6 personnes / 30 min de préparation / 25 min de cuisson

Ingrédients

110 g de polenta
120 g de pecorino poivré
120 g d'anchois à l'huile
60 cl de lait
3 branches de thym frais
5 cl d'huile d'olive
Sel, poivre du moulin

1. Râpez le pecorino, égouttez et hachez les anchois. Faites bouillir le lait dans une casserole avec du sel et du poivre. Versez la polenta en pluie, laissez-la cuire 5-7 min à feu doux en remuant avec une spatule.

2. Hors du feu, ajoutez les deux tiers du pecorino râpé et les anchois hachés puis versez la polenta dans un plat huilé. Lissez la surface, laissez-la refroidir puis placez-la au frais pendant 2 h pour la faire durcir.

3. Préchauffez le four à 200 °C (th. 7). Démoulez délicatement la polenta, coupez-la en carrés et déposez ceux-ci sur une plaque de four recouverte d'une feuille de papier sulfurisé.

4. Parsemez la surface de la polenta avec le restant de pecorino râpé. Mettez-la à gratiner 15 min au four, servez aussitôt bien chaud, en accompagnement d'une viande blanche ou d'agneau.

CONSEIL

Vous pouvez remplacer les anchois par des sardines à l'huile ou de la tomate séchée, des olives, des herbes, etc.

FARFALLES AUX LÉGUMES GRILLÉS ET PARMESAN

Pour 4 personnes / 45 min de préparation / 1 h de repos / 50 min de cuisson

Ingrédients
400 g de farfalles
1 poivron rouge
1 poivron jaune
3 gousses d'ail
3 branches de basilic
1 aubergine
1 courgette
50 g de parmesan
15 cl d'huile d'olive
Sel, poivre

1. Préchauffez le four à 200 °C (th. 6-7). Préparez la garniture. Coupez les poivrons en deux, épépinez-les. Posez-les peau au dessus sur la plaque du four recouverte de papier sulfurisé. Enfournez pour environ 20 à 25 min. Vérifiez la cuisson de temps en temps. Les poivrons doivent légèrement noircir sur toute la surface. Dès qu'ils forment de grosses cloques et juste avant qu'ils ne brûlent complètement, sortez-les du four, déposez-les dans un saladier, couvrez d'un film alimentaire et laissez refroidir 15 min environ. N'éteignez pas le four.

2. Épluchez les gousses d'ail, ôtez les germes, puis coupez-les en lamelles. Coupez l'aubergine et la courgette dans le sens de la longueur en tranches épaisses de 0,5 cm. Étalez-les sur la plaque du four recouverte de papier sulfurisé, badigeonnez d'huile d'olive à l'aide d'un pinceau toutes les tranches puis salez. Enfournez pour 10 min. Surveillez la cuisson. Lorsque les tranches d'aubergine et de courgette sont dorées, retournez-les. Enfournez à nouveau pour 10 min. Surveillez la cuisson.

3. Coupez les poivrons en lanières puis faites-les macérer 1 h dans un mélange de 10 cl d'huile d'olive, d'ail, de basilic, de sel et de poivre. Faites des copeaux de parmesan à l'aide d'un économe.

4. Plongez les farfalles dans une casserole d'eau bouillante salée. Quand elles sont cuites *al dente* (respectez le temps indiqué sur le paquet), égouttez-les et mélangez-les avec les légumes, dans la casserole sur feu doux pendant 2 min. Servez avec les copeaux de parmesan.

ASTUCES

Cette recette peut aussi être servie froide. Pour gagner du temps, achetez des légumes déjà grillés et macérés.

TIRAMISU

Pour 6 personnes / 20 min de préparation / 6 h de réfrigération

Ingrédients

5 œufs (5 jaunes + 3 blancs)
150 g de sucre
500 g de mascarpone
100 g de chocolat noir
30 biscuits à la cuiller
10 cl de café fort
2 cuil. à soupe de marsala
1 cuil. à café de cacao amer en poudre

1. Cassez les œufs et séparez les blancs des jaunes. Fouettez les jaunes avec le sucre jusqu'à ce que le mélange blanchisse. Incorporez le mascarpone progressivement et mélangez jusqu'à ce que la préparation soit bien lisse. Montez 3 blancs d'œufs en neige bien ferme et incorporez-les délicatement au mélange.

2. Réalisez de petites pépites de chocolat à l'aide d'un grand couteau.

3. Trempez les biscuits dans le mélange café-marsala et disposez-les au fond d'un plat. Versez une fine couche de crème puis disposez à nouveau des biscuits imbibés. Saupoudrez avec la moitié des pépites de chocolat, avant de terminer par une couche de biscuits et enfin une de crème. Saupoudrez le dessus du tiramisu du reste de pépites.

4. Laissez le tiramisu reposer au moins 6 h au frais. Saupoudrez- le de cacao amer en poudre (à l'aide d'une petite passoire) juste avant de servir.

PIE AU BŒUF À LA GUINNESS ET AUX PETITS POIS

Pour 8 personnes / 20 min de préparation / 1 h de cuisson

Ingrédients

1 pâte brisée
1,5 kg de bœuf à cuire
1 oignon
50 cl de Guinness
2 branches de thym
1 branche de laurier
150 g de petits pois surgelés
2 cuil. à soupe d'huile d'olive
Sel, poivre

1. Coupez le bœuf en morceaux. Épluchez et ciselez l'oignon.

2. Dans une cocotte en fonte, faite revenir l'oignon puis ajoutez la viande. Quand elle est bien dorée, versez la Guinness, puis ajoutez le thym et le laurier. Assaisonnez à votre goût. Faite cuire à feu doux pendant 30 min. Ajoutez les petits pois. Poursuivez la cuisson 10 min.

3. Dans un plat beurré et fariné, déposez la pâte et versez la préparation. Disposez l'excédent de pâte sur la viande et enfournez pour 20 min. Servez aussitôt.

FISH AND CHIPS

Pour 6 personnes / 15 min de préparation / 5 min de cuisson

Ingrédients
1 kg de pommes de terre à chair ferme type bintje
1 gros œuf
Farine
25 cl de bière
1 cuil. à café de sel
800 g de poisson blanc épais (cabillaud, églefin…)
Huile de friture

Pour la sauce tartare
1 cuil. à soupe de moutarde
1 jaune d'œuf
25 cl d'arachide
1 cuil. à soupe de vinaigre de vin
1 cuil. à soupe de câpres, de persil, de cerfeuil, et d'estragon haché
1 cuil. à soupe d'échalotes ciselées
1 œuf dur haché
Sel, poivre

Matériel
Friteuse

1. Pour la sauce : mélangez la moutarde et le jaune d'œuf au fouet. Ajoutez l'huile en filet sans jamais cesser de fouetter. Ajoutez le vinaigre puis incorporez tous les autres ingrédients de la sauce. Réservez au frais le temps de la réalisation des frites et du poisson.

2. Lavez puis épluchez les pommes de terre. Coupez les frites au couteau, taillez les pommes de terre en tranches de 1 cm puis taillez les tranches en bâtonnets de 1 cm. Faites coulez de l'eau bien chaude dans un saladier et versez-y les frites. Laissez-les 15 min puis égouttez-les et séchez-les avec un torchon. Faites chauffez l'huile à 150°C. Plongez-y les frites 5 min puis remontez-les. Augmentez la température à 180°C et replongez les frites quelques minutes, jusqu'à ce qu'elles soient bien dorées. Égouttez-les sur du papier absorbant, puis salez-les.

3. Séparez le blanc du jaune d'œuf et montez les blancs en neige. Mélangez la farine et la bière puis ajoutez le jaune d'œuf. Incorporez le blanc en neige et salez.

4. Trempez les filets de poisson dans ce mélange et faites-les frire pendant 4 ou 5 min dans une huile chauffée à 180°C. Égouttez sur du papier absorbant et dégustez avec les frites et la sauce tartare.

October 16, 2011

MUFFINS ANGLAIS

Pour 15 muffins / 20 min de préparation / 1 h + 1 h de repos / 10 min de cuisson

Ingrédients
20 cl de lait
1 sachet de levure de boulanger
300 g de farine
40 g de beurre demi-sel
1 cuil. à café de sel
Huile d'olive
Matériel
1 emporte-pièce rond de 5 cm de diamètre

1. Faites tiédir le lait au four à micro-ondes, puis délayez-y la levure de boulanger. Laissez reposer 10 min.

2. Dans un saladier, mélangez la farine avec le sel et le beurre coupé en morceaux. Creusez un puits puis versez le mélange lait-levure. Mélangez bien à l'aide d'une cuillère en bois puis finissez de pétrir la pâte avec vos mains jusqu'à obtenir une boule de pâte homogène. Laissez gonfler la pâte pendant 1 h.

3. Étalez la pâte sur un plan de travail fariné sur une épaisseur de 1 cm environ. Détaillez des disques à l'aide d'un emporte-pièce puis déposez-les sur une plaque. Laissez gonfler 1 h.

4. Dans une poêle bien chaude, faites chauffer un filet d'huile d'olive, puis faites cuire les muffins pendant 5 min de chaque côté en surveillant bien la coloration. Laissez bien refroidir avant de servir.

LEMON CURD

Pour 300 g / 15 min de préparation / 10 min de cuisson / 2 h de repos

Ingrédients

2 œufs
75 g de sucre en poudre
1 cuil. à soupe rase de Maïzena
10 cl (environ 2 citrons) de jus de citron
40 g de beurre

Matériel

Fouet

1. Dans un bol, battez les œufs avec le sucre et la Maïzena.

2. Versez le jus de citron dans une casserole et faites-le chauffer. Lorsqu'il bout, retirez-le du feu et versez-le sur les œufs tout en mélangeant au fouet.

3. Remettez le tout dans la casserole et faites chauffer à feu moyen sans cesser de remuer jusqu'à ce que la crème épaississe. En dehors du feu, ajoutez le beurre coupé en petits morceaux. Mélangez jusqu'à ce que le beurre soit entièrement fondu.

4. Versez le lemon curd dans un pot en verre et laissez-le reposer pendant 2 h au frais avant de le déguster. Il se conserve pendant 10 jours au réfrigérateur.

GELÉE DE THÉ EARL GREY

Pour 4 pots / 10 min de préparation / 40 min de cuisson

Ingrédients
1 kg de pommes
500 g de sucre
2 sachets d'un bon thé Earl Grey
Le jus de 1/2 citron

1. Coupez les fruits en six sans les peler et mettez-les dans une casserole. Couvrez d'eau et laissez cuire à feu doux pendant 30 min.

2. Versez dans un chinois étamine ou une passoire recouverte d'une mousseline et laissez le jus s'écouler dans un saladier. Appuyez sur les fruits pour en extraire tout le jus.

3. Versez le jus obtenu (environ 500 g) dans une casserole, ajoutez le sucre et le jus de citron. Portez à ébullition et maintenez 10 min à feu vif. Vérifiez la cuisson.

4. Faites infuser les sachets de thé 3 min dans 10 cl d'eau bouillante. Ajoutez le thé à la gelée et portez de nouveau à ébullition. Coupez le feu après l'ébullition, versez dans des pots et fermez.

PAELLA

Pour 4 personnes / 40 min de préparation / 1 h de cuisson

Ingrédients

800 g de poulet, en morceaux
600 g de lapin, en morceaux
250 g de haricots verts plats
3 grosses tomates bien mûres concassées
150 g de haricots blancs « garrafón » (trempés 12 h la veille)
500 g de riz à paella (légèrement rond)
1 gousse d'ail
1 cuil. à soupe de paprika
1 cuil. à soupe de safran
1 verre d'huile d'olive (environ 20 cl)
Romarin pour décorer
Citrons pour le service
Sel, poivre

Matériel

Grande poêle à paella ou une grosse poêle type wok

1. Dans la grande poêle à paella, faites chauffer l'huile d'olive. Lorsque l'huile est bien chaude, faites-y dorer les morceaux de poulet et de lapin sur toutes les faces. Poussez-les sur le côté de la poêle où le feu est moins fort.

2. Équeutez et lavez les haricots verts, ajoutez-les dans la poêle. Une fois qu'ils sont cuits, mettez-les également sur le côté de la poêle. Ajoutez la tomate concassée au centre de la poêle et faites cuire jusqu'à ce que le liquide des tomates s'évapore. Remuez les ingrédients et étalez-les dans toute la poêle. Salez, poivrez, saupoudrez de paprika et remuez rapidement.

3. Ajoutez les haricots blancs, versez 1 litre d'eau puis ajoutez le safran. Portez le tout à ébullition et laissez cuire, à feu doux, pendant 30 min.

4. Versez le riz en dessinant une croix selon la tradition, faites cuire, à feu vif, pendant 5 min. Répartissez le riz délicatement dans la poêle. Laissez cuire de 20 à 25 min à feu doux.

5. Une fois que le riz a absorbé toute l'eau de poêle, la paella est prête à être dégustée. Laissez-la reposer quelques minutes, puis servez-la décorée de quartiers de citron et de brins de romarin.

ARROZ Fallera
ARROZ Fallera

GASPACHO

Pour 4 personnes / 20 min de préparation

Ingrédients
1 tranche de pain rassis
1 concombre
4 tomates bien mûres
½ poivron vert
½ poivron rouge
½ oignon
1 gousse d'ail
1 cuil. à soupe de vinaigre de vin
2 cuil. à soupe d'huile d'olive
Sel, poivre

Matériel
Mixeur

1. Émiettez grossièrement la tranche de pain et mettez-la à tremper dans un bol d'eau. Pelez le concombre et coupez-le en dés. Équeutez et lavez les tomates, épépinez-les et concassez-les légèrement. Lavez les demi-poivrons, retirez les graines, lavez-les puis taillez la chair en petits dés. Réunissez les légumes dans le bol du mixeur et faites fonctionner l'appareil jusqu'à l'obtention d'une purée homogène.

2. Ajoutez ensuite le demi-oignon et l'ail hachés, les miettes de pain, le vinaigre de vin, l'huile d'olive et 1 verre d'eau. Mixez de nouveau. Ajoutez de l'eau petit à petit de façon à obtenir la consistance voulue (entre liquide et dense). Goûtez et salez à votre convenance. Placez le gaspacho dans une soupière, au réfrigérateur, jusqu'au moment de servir. Dégustez-le bien froid.

ALBONDIGAS (BOULETTES DE VIANDE HACHÉE)

Pour 4 personnes / 10 min de préparation / 20 min de repos / 40 min de cuisson

Pour les boulettes
300 g de bœuf haché
1 oignon
1 gousse d'ail
1 œuf
1 cuil. à soupe de coriandre hachée
1 cuil. à café de piment doux
1 cuil. à café de fleur de maïs (Maïzena®)
Huile d'olive
Sel, poivre

Sauce tomate
1 oignon
1 gousse d'ail
500 g de tomates pelées et concassées
1 cuil. à soupe de sucre
1 cuil. à café de paprika
Huile d'olive
Sel, poivre

1. Préparez d'abord la sauce tomate : épluchez et hachez l'oignon et l'ail. Faites-les revenir dans la casserole, avec un fond d'huile d'olive, pendant 5 min. Ajoutez les tomates concassées, le sucre et le paprika. Mélangez et laissez mijoter de 25 à 30 min, en remuant de temps à autre. Réservez.

2. Pendant ce temps, préparez les boulettes : épluchez et émincez l'oignon et l'ail. Faites-les revenir dans une poêle avec un peu d'huile d'olive. Dans un saladier, malaxez la viande hachée avec l'oignon et l'ail revenus, l'œuf, la coriandre, le piment doux, du sel et du poivre. Ajoutez la fleur de maïs de façon à obtenir une pâte, que vous réservez 20 min au frais.

3. Façonnez des boulettes avec vos mains, déposez-les sur une assiette. Faites chauffer un peu d'huile dans une poêle et faites-y rissoler les boulettes pendant 15 min en les retournant régulièrement. Servez aussitôt, avec la sauce tomate.

VARIANTES

Essayez d'autres viandes hachées comme le porc ou même le poulet.

TORTILLA CON PATATAS

Pour 6 personnes / 10 min de préparation / 10 min de cuisson

Ingrédients
3 pommes de terre
1 oignon
8 œufs
Huile d'olive
Sel, poivre

1. Épluchez, puis lavez les pommes de terre ; découpez-les en tranches fines. Épluchez et coupez l'oignon en rondelles. Faites revenir pommes de terre et oignon dans la poêle légèrement huilée. Dès qu'ils sont cuits, retirez du feu.

2. Dans un saladier, fouettez vivement les œufs à la fourchette jusqu'à l'obtention d'une légère mousse. Ajoutez les pommes de terre et oignons égouttés. Salez, poivrez. Versez le tout dans la poêle bien chaude et légèrement huilée, et laissez cuire 5 min à feu doux.

3. Lorsque la tortilla est dorée dessous, retournez-la d'un mouvement rapide sur une assiette, puis faites glisser la tortilla dans la poêle pour faire dorer l'autre côté en 5 min. Dégustez aussitôt.

VARIANTE

Enrichissez la tortilla avec du chorizo, des courgettes ou d'autres légumes.

CHURROS

Pour 12 churros environ / 5 min de préparation / 5 min de cuisson

Ingrédients

250 g de farine
40 g de sucre
1 pincée de sel
Huile pour friture

Matériel

Casserole
Appareil à churros ou poche à douille cannelée
Friteuse
Écumoire
Papier absorbant

1. Faites bouillir 500 ml d'eau et le sel dans la casserole, puis versez d'un seul coup la farine et le sucre. Délayez le tout avec une cuillère de bois jusqu'à obtenir une pâte épaisse, homogène et sans grumeaux.

2. Faites chauffer l'huile à 180 °C dans la friteuse. Si vous possédez un appareil à churros, mettez la pâte dans l'appareil et faites tomber des bâtonnets dans la friture. Si vous opérez manuellement, mettez la pâte dans la poche à douille et pressez des bâtonnets d'environ 12 cm de long et 1 à 2 cm de diamètre.

3. Plongez les bâtonnets de pâte dans la friture. Attention, pour éviter les éclaboussures, posez les bâtonnets sur une assiette et faites-les glisser délicatement dans l'huile chaude. Procédez en plusieurs fois pour que les churros ne se collent pas les uns aux autres. Laissez-les dorer 1 à 2 min, en les retournant à mi-cuisson avec l'écumoire. Retirez-les et égouttez-les sur du papier absorbant. Servez-les aussitôt.

CONSEIL

La meilleure façon de déguster les churros est de les tremper dans le chocolat chaud.

VARIANTES

Ajoutez 20 g de cacao en poudre à la pâte pour réaliser des churros au chocolat. Vous pouvez également les faire cuire 15 min au four préchauffé à 200 °C (th. 6-7), après les avoir préalablement badigeonnés de lait.

PITA À LA FETA ET MENTHE

Pour 4 personnes / 35 min de préparation / 20 à 25 min de cuisson

Ingrédients

Pour les pains pita

500 g de farine
1 ½ cuil. à café de levure de boulanger déshydratée
1 ½ cuil. à café de sucre
1 ½ cuil. à café de sel

Pour la garniture

500 g de feta
1 bouquet de menthe
250 g de yaourt grec
2 œufs
1 cuil. à soupe de miel
1 œuf (pour la dorure)
1 cuil. à soupe de graines de sésame

1. Préparez la pâte à pain pita. Dans un récipient, mélangez la farine et la pincée de sel. Dans un autre bol, diluez la levure et le sucre dans 30 cl d'eau tiède. Creusez un puits dans la farine puis versez-y le liquide. Commencez à mélanger au centre en ramenant progressivement la farine. Pétrissez jusqu'à l'obtention d'une pâte homogène. Formez une boule de pâte et déposez-la dans un large saladier préalablement fariné. Recouvrez d'un torchon et laissez lever 2 h, dans un endroit tempéré à l'abri des courants d'air. Une fois que la pâte a doublé de volume, divisez-la en 10 boules égales. Déposez-les sur une plaque de cuisson recouverte de papier sulfurisé et laissez de nouveau lever pendant 30 min. Préchauffez le four à 250 °C. Farinez le plan de travail et étalez à l'aide d'un rouleau à pâtisserie les boules de pâte sur une épaisseur d'environ 2 mm. Placez-la au frais.

2. Réalisez la farce. Effeuillez la menthe et ciselez-la. Écrasez la feta à l'aide d'une fourchette et mélangez-la avec le yaourt grec, la menthe, les œufs et le miel. Préchauffez le four à 200 °C (th. 6-7). Sortez la pâte du réfrigérateur, étalez-la puis découpez des carrés de 8 cm de côté. Placez au centre de chaque carré 2 cuil. d'appareil. Mouillez les extrémités de la pâte et pliez-la à partir des 4 coins vers l'intérieur.

3. Badigeonnez les chaussons avec l'œuf battu et saupoudrez de graines de sésame puis disposez-les dans un grand plat huilé. Enfournez pour 20 à 25 min de cuisson. Dégustez chaud.

DOLMADES (FEUILLES DE VIGNES FARCIES)

Pour 4 personnes / 45 min de préparation / 1 h de cuisson

Ingrédients

70 feuilles de vigne
200 g de riz rond
1 oignon pelé et émincé
70 g de pignons de pin
1 botte de persil plat
2 citrons bio
1 cube de bouillon de légumes + 30 cl d'eau
6 cuil. à soupe d'huile d'olive
Sel et poivre du moulin
Gros sel

1. Rincez les feuilles de vigne une par une. Plongez-les 5 min dans de l'eau bouillante. Égouttez-les et laissez complètement refroidir. Dans une casserole, faites bouillir de l'eau salée. Rincez le riz et faites-le cuire 10 min environ, il doit rester légèrement croquant.

2. Dans une poêle chaude, faites revenir l'oignon avec de l'huile d'olive et 1 pincée de sel. Une fois qu'il est translucide, débarrassez. Faites dorer, dans la même poêle, les pignons de pin. Laissez refroidir et concassez-les.

3. Effeuillez et hachez le persil plat. Dans un récipient, pressez le jus de 1 citron (gardez l'écorce) et mélangez avec le riz, le persil, l'oignon, les pignons de pin et 3 cuil. à soupe d'huile d'olive. Salez.

4. Mettez 10 feuilles de vigne de côté. Placez une feuille de vigne côté nervure face à vous, la tige en bas, et coupez-la. Déposez un peu de farce au centre de la feuille. Rabattez les 2 extrémités du bas vers le centre et roulez en cylindre en ramenant les bords de la feuille vers le centre.

5. Déposez tous les rouleaux dans le fond d'une cocotte, soudure en bas. Vous pouvez les superposer en les séparant avec les feuilles de vigne mises de côté. Les rouleaux doivent être tassés les uns contre les autres. Colmatez les vides avec des feuilles de vigne.

6. Pressez le deuxième citron et arrosez de jus les feuilles de vigne. Coupez les écorces des 2 citrons et ajoutez-les. Versez un filet d'huile d'olive. Faites bouillir l'eau avec le bouillon de légumes puis versez dans la cocotte.

7. Faites cuire pendant 1 h à feu doux avec un poids sur les feuilles de vignes pour éviter qu'elles ne se défassent, ajoutez de l'eau si nécessaire au cours de la cuisson.

SALADE GRECQUE

Pour 4 personnes / 20 min de préparation

Ingrédients

200 g de feta
3 tomates
1 concombre
1 poivron vert
1 oignon rouge
80 g d'olives kalamata
2 brins de menthe
2 brins de basilic
2 cuil. à soupe de jus de citron jaune
3 cuil. à soupe d'huile d'olive
Fleur de sel

1. Coupez les tomates en six et le concombre non épluché en dés. Taillez le poivron en deux, épépinez-le, ôtez les membranes blanches puis coupez-le en lanières. Pelez et émincez l'oignon rouge. Effeuillez et ciselez la menthe et le basilic. Coupez la feta en dés.

2. Dans un petit bol, émulsionnez l'huile d'olive avec le jus de citron et 1 belle pincée de fleur de sel.

3. Dans un saladier, réunissez tous les ingrédients et assaisonnez avec la vinaigrette au citron. Mélangez délicatement.

4. Dégustez froid.

MOUSSAKA

Pour 4 personnes / 40 min de préparation / 1 h à 1 h 10 de cuisson / 30 min de dégorgement

Ingrédients
1 kg d'aubergines
500 g d'agneau haché
1 oignon
6 tomates mûres
1 bâton de cannelle
½ cuil. à café de cumin doux
½ bouquet de persil
50 cl béchamel
50 g de gruyère râpé
4 cuil. à soupe d'huile d'olive
Sel et poivre du moulin

1. Coupez les aubergines en tranches de 1 cm d'épaisseur dans le sens de la longueur. Salez-les et laissez-les dégorger pendant 30 min dans une passoire. Rincez les tranches d'aubergines puis couvrez-les avec un torchon. Pelez et émincez l'oignon.

2. Préchauffez le four à 200 °C (th. 6-7). Enduisez les aubergines d'huile d'olive sur chaque face et disposez-les dans un plat huilé. Passez-les sous le gril du four jusqu'à ce qu'elles s'attendrissent. Sortez du four et réservez.

3. Plongez pendant 30 s les tomates dans de l'eau bouillante. Égouttez et rafraîchissez-les sous l'eau froide. Retirez le pédoncule et pelez les tomates puis coupez-les en petits dés.

4. Dans une poêle, faites chauffer 3 cuil. à soupe d'huile d'olive et faites revenir l'oignon. Une fois qu'il est translucide, ajoutez l'agneau haché. Salez et poivrez.

5. Poursuivez la cuisson jusqu'à ce que la viande hachée soit légèrement dorée. Ajoutez les tomates avec leur jus. Mélangez, salez et poivrez. Ajoutez la cannelle et le cumin. Faites cuire la viande hachée à feu doux pendant 15 min, retirez du feu et ajoutez le persil haché.

6. Dans un grand plat allant au four, disposez 1 couche de tranches d'aubergines en les faisant remonter sur les bords, recouvrez ensuite de viande hachée en ayant retiré au préalable le bâton de cannelle puis ajoutez la béchamel. Terminez par 1 couche d'aubergines, en veillant à bien fermer avec les tranches d'aubergines disposées dans le fond du plat.

7. Parsemez de gruyère râpé et enfournez pour 30 à 40 min de cuisson. Dégustez chaud.

BAKLAVA

Pour 4 personnes / 30 min de préparation / 1 h de cuisson / 1 h de repos

Ingrédients
14 feuilles de pâte filo
250 g de beurre doux
400 g de noix
300 g de halva
30 g de sucre
1 cuil. à café de cannelle

Pour le sirop
250 g de sucre
Le jus de 1 citron
1 orange non traitée
1 bâton de cannelle
2 cuil. à soupe de miel

Matériel
Pinceau

1. Préchauffez le four à 180 °C (th. 6). Hachez les noix dans un petit robot ou avec un grand couteau. Dans un récipient, mélangez 350 g de noix, le halva émietté, le sucre et la cannelle en poudre.

2. Faites fondre le beurre dans une petite casserole ou au micro-ondes.

3. À l'aide d'un pinceau, badigeonnez de beurre fondu 1 feuille de pâte filo. Déposez une ligne de garniture à la noix en bas de la feuille de pâte filo, sur le côté le moins large. Roulez ensuite la feuille de sorte à obtenir un rouleau d'environ 1 cm de diamètre. Froissez ensuite le rouleau en pressant délicatement les extrémités vers le centre. Continuez de la même façon avec chaque feuille de pâte de filo.

4. Déposez les rouleaux en spirale dans un plat allant au four préalablement beurré. Badigeonnez avec le reste du beurre et saupoudrez du reste de noix concassées.

5. Enfournez pour 30 à 40 min de cuisson. La pâte filo doit être dorée et croustillante.

6. Préparez le sirop lorsque les rouleaux de pâte filo seront sortis du four et auront complètement refroidis. Dans une casserole, versez le jus de citron, ajoutez l'orange coupée en rondelles, le sucre, le bâton de cannelle et 20 cl d'eau. Portez à ébullition, remuez jusqu'à ce que le sucre soit dissous puis baissez le feu et faites mijoter 20 à 25 min. Le sirop doit épaissir. Retirez les rondelles d'orange et le bâton de cannelle. Versez le miel hors du feu en fin de cuisson.

7. Nappez les rouleaux avec le sirop très chaud. Laissez imbiber 1 h avant de déguster.

FIGUES RÔTIES, YAOURT GREC AU MIEL

Pour 4 personnes / 15 min de préparation / 15 min de cuisson

Ingrédients
8 figues fraîches
200 g de yaourt grec
50 g de miel de thym
80 g de cassonade
40 g de beurre
50 g de pignons de pin

1. Préchauffez le four à 180 °C (th. 6). Rincez et incisez en croix assez profondément les figues. Placez-les dans un plat allant au four, saupoudrez-les de cassonade et parsemez de quelques parcelles de beurre. Enfournez pour 10 à 15 min de cuisson.

2. Dans une poêle sans matière grasse, faites dorer les pignons de pin pendant 5 min environ.

3. Mélangez le yaourt avec le miel de thym.

4. Dégustez les figues chaudes avec le yaourt au miel et parsemez le tout de pignons de pin.

HALVA À LA SEMOULE (GÂTEAU DE SEMOULE)

Pour 4 personnes / 25 min de préparation / 1 h 15 de cuisson / 12 h de repos

Ingrédients
500 g de semoule
180 g de sucre
225 g de beurre fondu
6 cl d'eau de fleur d'oranger
250 g de pâte de dattes

Pour le sirop
500 g de sucre
Le jus de ½ citron

Matériel
Pinceau

1. La veille, mélangez l'eau de fleur d'oranger et 6 cl d'eau. Dans un récipient, versez la semoule, le sucre, la moitié de l'eau de fleur d'oranger et 125 g de beurre fondu. Mélangez du bout des doigts. Couvrez d'un film alimentaire et laissez reposer 12 h au frais.

2. Le lendemain, sortez le récipient 30 min avant de verser le reste de l'eau de fleur d'oranger et mélangez de nouveau. Préchauffez le four à 200 °C (th. 6-7).

3. Dans un plat allant au four, versez la moitié de la semoule et tassez avec la main pour obtenir une surface plate et homogène. Déposez par-dessus 1 couche de pâte de dattes et recouvrez du reste de semoule. Tassez et lissez bien la surface. À l'aide d'un pinceau, beurrez la surface du gâteau de semoule avec le reste de beurre fondu. Enfournez pour 1 h de cuisson.

4. Préparez le sirop. Dans une casserole, versez 1 l d'eau avec le sucre et le jus de citron. Portez à ébullition puis baissez légèrement le feu et faites cuire jusqu'à ce que le sirop prenne une consistance nappante.

5. Sortez le plat du four et versez dessus petit à petit le sirop chaud à l'aide d'une louche, jusqu'à ce que le gâteau soit bien imbibé. En fonction de la qualité de la semoule, vous utiliserez plus ou moins de sirop.

6. Laissez refroidir avant de déguster.

2. MAROC

TAJINE D'AGNEAU AUX FRUITS SECS ET TOMATES CONFITES

Pour 6 personnes / 20 min de préparation / 1 h 45 de cuisson

Ingrédients

2 oignons rouges
3 gousses d'ail
1,2 kg d'épaule d'agneau désossée
½ cuil. à café de cumin en poudre
5 gousses de cardamome
1 bâton de cannelle
12 dattes
12 pruneaux
12 abricots moelleux
12 pétales de tomates confites
½ bouquet de coriandre
100 g d'amandes mondées
5 cl d'huile d'olive
Sel, poivre du moulin

Matériel

Plat à tajine (facultatif)

1. Épluchez les oignons et l'ail, puis émincez-les séparément. Taillez l'agneau en morceaux de 3 cm de côté. Faites dorer les morceaux d'agneau les uns après les autres dans une poêle antiadhésive bien chaude sans matière grasse. Salez, poivrez et réservez.

2. Placez le plat à tajine ou une cocotte sur feu doux. Faites-y chauffer l'huile d'olive et ajoutez les oignons et l'ail. Laissez cuire jusqu'à ce qu'ils soient translucides. Ajoutez le cumin, les gousses de cardamome préalablement écrasées et le bâton de cannelle. Salez, poivrez et mélangez.

3. Déposez les morceaux d'agneau sur le lit d'oignon, puis mouillez jusqu'à mi-hauteur avec de l'eau. Mélangez, couvrez et laissez mijoter 1 h en retournant les morceaux de temps en temps.

4. Fendez les dattes et les pruneaux en deux, puis ôtez les noyaux. Ajoutez les fruits secs (dattes, pruneaux et abricots) et les pétales de tomates au tajine. Remuez et laissez cuire à couvert 30 min.

5. Lavez et effeuillez la coriandre. Faites griller à sec les amandes dans une poêle antiadhésive. Lorsque la viande est cuite et les fruits secs fondants, parsemez le tajine de feuilles de coriandre et d'amandes grillées. Servez sans attendre accompagné de semoule, de boulgour ou de riz.

TAJINE DE KEFTA AUX PRUNEAUX, AMANDES ET SÉSAME

Pour 6 personnes / 20 min de préparation / 1 h de cuisson

Ingrédients

1 kg d'oignons
½ bouquet de coriandre
½ bouquet de persil plat
1 kg de viande de bœuf hachée
2 cuil. à café de cumin en poudre
2 cuil. à café de cannelle en poudre
1 cuil. à café de paprika
5 filaments de safran
250 g de pruneaux
100 g d'amandes mondées
50 g de graines de sésame
6 cl d'huile d'olive
Sel, poivre du moulin

Matériel

Plat à tajine (facultatif)

1. Épluchez et hachez 1 oignon. Lavez la coriandre et le persil plat, effeuillez-les puis hachez-en la moitié et réservez le reste. Dans un saladier, mélangez la viande hachée, l'oignon, les herbes hachées, 1 cuil. à café de cumin et de cannelle. Salez, poivrez puis mélangez. Mouillez-vous les mains et formez des boulettes de viande de 3 cm de diamètre. Réservez.

2. Épluchez et émincez les oignons restants. Placez le plat à tajine ou une cocotte sur feu doux. Faites-y chauffer l'huile d'olive. Ajoutez les oignons émincés et le reste des épices. Mélangez. Mouillez avec 1 verre d'eau et faites cuire 30 min à feu doux et à couvert, en remuant de temps en temps.

3. Pendant ce temps, mettez dans une casserole les pruneaux avec 1 verre d'eau. Salez, poivrez et remuez. Laissez gonfler à couvert et à feu doux durant 15 min. Ajoutez au tajine les boulettes de viande et les pruneaux. Rajoutez un peu d'eau si nécessaire. Couvrez et laissez cuire à couvert pendant 15 min supplémentaires.

4. Dans une poêle antiadhésive, faites dorer à sec les amandes et les graines de sésame. Lorsque la viande est cuite, parsemez le tajine de graines de sésame et d'amandes dorées. Décorez avec le reste de feuilles de persil et de coriandre. Servez sans attendre avec de la semoule, du boulgour ou du riz.

TAJINE DE BŒUF AUX COURGETTES

Pour 6 personnes / 20 min de préparation / 2 h de cuisson

Ingrédients
2 tomates
2 oignons
4 gousses d'ail
6 courgettes
1,5 kg de bœuf à braiser (joue de bœuf, paleron, etc.)
1 cuil. à café de cumin en poudre
½ cuil. à café de coriandre en poudre
½ bouquet de coriandre
5 cl d'huile d'olive
Sel, poivre du moulin

Matériel
Plat à tajine (facultatif)

1. Plongez les tomates pendant 30 sec dans une casserole d'eau bouillante. Immergez-les ensuite dans un saladier d'eau froide pour stopper leur cuisson. Pelez-les, épépinez-les et concassez-les. Épluchez et hachez séparément les oignons et l'ail. Lavez les courgettes et coupez-les en tranches de 1 cm d'épaisseur.

2. Taillez le bœuf en morceaux de 3 cm de côté. Faites-les dorer les uns après les autres dans une poêle antiadhésive bien chaude sans matière grasse. Salez, poivrez et réservez.

3. Placez le plat à tajine ou une cocotte sur feu doux. Faites-y chauffer l'huile d'olive et ajoutez les oignons. Laissez cuire jusqu'à ce qu'ils soient translucides, puis ajoutez l'ail, le cumin, la coriandre en poudre et les tomates concassées. Salez, remuez et laissez cuire 10 min.

4. Ajoutez la viande, puis mouillez jusqu'à mi-hauteur avec de l'eau. Mélangez, couvrez et laissez mijoter 1 h en retournant les morceaux de viande de temps en temps. Ajoutez alors les courgettes et prolongez la cuisson de 40 min à couvert.

5. Lavez puis effeuillez la coriandre fraîche. Lorsque la viande est cuite et les courgettes fondantes, parsemez le tajine de feuilles de coriandre. Servez sans attendre avec de la semoule, du boulgour ou du riz.

TAJINE DE CANARD, CERISES ET PISTACHES

Pour 6 personnes / 15 min de préparation / 1 h de cuisson

Ingrédients
6 cuisses de canard confit
500 g de cerises à chair ferme bien mûres
5 grosses échalotes
3 cm de racine de gingembre
1 cuil. à café de paprika
1 cuil. à soupe de miel d'acacia
½ bouquet de coriandre
½ bouquet de persil plat
50 g de pistaches décortiquées et non salées
Poivre du moulin

Matériel
Plat à tajine (facultatif)

1. Ôtez le gras des cuisses de canard. Lavez et équeutez les cerises. Épluchez les échalotes et le gingembre, puis émincez-les séparément.

2. Placez le plat à tajine ou une cocotte sur feu doux. Faites-y chauffer 1 cuil. à soupe de graisse de canard. Ajoutez-y les échalotes. Laissez cuire jusqu'à ce qu'elles soient translucides, puis ajoutez le paprika, le gingembre et le miel. Mélangez.

3. Déposez les cuisses de canard sur les échalotes et mélangez. Mouillez avec un verre d'eau. Couvrez et laissez cuire à feu doux pendant 30 min en remuant régulièrement. Rajoutez un peu d'eau si nécessaire. Ajoutez alors les cerises et mélangez. Prolongez la cuisson de 20 min à couvert.

4. Lavez puis effeuillez la coriandre et le persil plat. Concassez grossièrement les pistaches. Lorsque les cerises sont bien tendres, parsemez le tajine de feuilles de coriandre et de persil, puis de brisures de pistache. Servez sans attendre avec de la semoule, du boulgour ou du riz.

TAJINE DE SARDINES, CORIANDRE ET POMMES DE TERRE

Pour 6 personnes / 20 min de préparation / 1 h 45 de cuisson

Ingrédients

8 tomates
2 oignons
3 cm de racine de gingembre
1,2 kg de pommes de terre
1 cuil. à café de cumin en poudre
1 bâton de cannelle
1 cuil. à café de paprika
12 sardines vidées par le poissonnier
1 bouquet de coriandre
5 cl d'huile d'olive
Sel, poivre du moulin

Matériel

Plat à tajine (facultatif)

1. Plongez les tomates pendant 30 sec dans une casserole d'eau bouillante, puis dans un saladier d'eau froide. Pelez-les, épépinez-les et concassez-les. Épluchez puis hachez séparément les oignons et le gingembre. Pelez les pommes de terre et coupez-les en cubes de 3 cm de côté environ.

2. Placez le plat à tajine ou une cocotte sur feu doux. Faites-y chauffer l'huile d'olive et ajoutez les oignons. Laissez cuire jusqu'à ce qu'ils soient translucides. Ajoutez le gingembre, le cumin, la cannelle, le paprika et les tomates concassées. Salez, mélangez et laissez cuire 10 min.

3. Ajoutez les pommes de terre, puis mouillez jusqu'à mi-hauteur avec de l'eau. Laissez mijoter à couvert pendant 1 h en remuant de temps en temps. Rajoutez un peu d'eau en cours de cuisson si nécessaire.

4. Lavez et effeuillez la coriandre. Réservez quelques feuilles pour la décoration du plat et hachez grossièrement le reste. Remplissez les sardines avec de la coriandre hachée et ajoutez-les au tajine. Couvrez et laissez cuire encore 20 min.

5. Lorsque les sardines sont cuites, parsemez le tajine des feuilles de coriandre restantes. Servez sans attendre avec de la semoule, du boulgour ou du riz.

COUSCOUS ROYAL

Pour 6 personnes / 45 min de préparation / 1 h 30 de cuisson

Ingrédients
3 gousses d'ail
2 oignons
350 g de collier de bœuf
350 g d'épaule d'agneau
3 cuisses de poulet
2 courgettes
6 carottes
2 branches de céleri
1 cuil. à soupe de concentré de tomates
1 cuil. à soupe de ras el hanout
500 g de semoule de couscous moyenne
100 g de beurre demi-sel
Harissa
5 cl d'huile d'olive
Sel, poivre du moulin

1. Pelez les gousses d'ail et les oignons, puis hachez-les. Coupez les viandes de bœuf et d'agneau en morceaux. Coupez les cuisses de poulet en deux. Lavez les courgettes, les carottes et le céleri. Taillez les courgettes en quatre, les carottes en rondelles épaisses et le céleri en tronçons.

2. Faites chauffer l'huile d'olive dans une cocotte. Ajoutez-y les oignons et l'ail, puis faites-les fondre 2 min. Ajoutez les morceaux d'agneau et de bœuf, puis faites-les revenir à feu vif pendant 5 min. Salez et poivrez. Ajoutez le concentré de tomates et le ras el hanout. Couvrez d'eau, mélangez et laissez mijoter pendant 1 h sur feu moyen.

3. Ajoutez les cuisses de poulet et les légumes dans la cocotte. Poursuivez la cuisson pendant 30 min à feu moyen. Pendant ce temps, faites cuire la semoule de couscous. Disposez la semoule dans un plat creux et rectangulaire. Couvrez-la de 60 cl d'eau bouillante et laissez-la gonfler quelques minutes à couvert. Lorsque toute l'eau est absorbée, travaillez la semoule à la fourchette pour l'égrainer. Juste avant de servir, faites fondre le beurre et incorporez-le à la semoule. Égrainez-la à la fourchette et faites-la réchauffer au four à micro-ondes.

4. Versez la semoule dans un grand plat. Disposez par-dessus les viandes puis les légumes. Diluez de l'harissa dans un peu de bouillon et versez-la dans un bol. Servez le bouillon dans un saladier à part. Dégustez bien chaud.

COUSCOUS KEFTA

Pour 6 personnes / 15 min de préparation / 15 min de cuisson

Ingrédients

500 g de semoule de couscous moyenne
1 gros oignon rouge
1 gousse d'ail
½ bouquet de persil plat
½ bouquet de coriandre
900 g de viande de bœuf hachée
1 cuil. à soupe de cumin en poudre
1 cuil. à café de paprika
1 cuil. à café de ras el hanout
½ cuil. à café de cannelle en poudre
100 g de beurre demi-sel
Harissa
1 cuil. à soupe d'huile de tournesol
Sel, poivre du moulin

Matériel

6 piques à brochettes

1. Faites cuire la semoule de couscous comme indiqué à l'étape 3 p.68 et réservez-la. Épluchez l'oignon et l'ail, puis hachez-les. Lavez et essorez le persil plat et la coriandre. Effeuillez-les et hachez-les grossièrement. Faites chauffer l'huile dans une poêle sur feu vif. Ajoutez l'oignon et l'ail, puis faites-les revenir pendant 2 min.

2. Dans un saladier, mélangez la viande hachée, l'oignon, l'ail, les épices, le persil plat et la coriandre. Assaisonnez de sel et de poivre. Divisez le mélange en 18 portions égales et façonnez-les en boules. Enfilez 3 boules de kefta par pique à brochette.

3. Préchauffez le four à 180 °C (th. 6). Faites chauffer une poêle antiadhésive à feu vif. Faites revenir les brochettes de kefta par petites quantités en les tournant pendant 5 min. Disposez les brochettes sur un plat allant au four et enfournez-les pour 10 min de cuisson supplémentaires.

4. Pendant ce temps, faites fondre le beurre et incorporez-le à la semoule de couscous. Égrainez la semoule à la fourchette et faites-la réchauffer au four à micro-ondes. Versez la semoule dans les assiettes et déposez 1 brochette de kefta par convive. Servez sans attendre accompagné d'un peu d'harissa.

COUSCOUS D'AGNEAU AUX FRUITS SECS

Pour 6 personnes / 45 min de préparation / 2 h 30 de cuisson

Ingrédients

1,5 kg d'épaule d'agneau
2 oignons
2 gousses d'ail
1 cuil. à café de paprika doux
1 cuil. à café de cumin en poudre
2 bâtons de cannelle
150 g d'amandes mondées
150 g de pignons de pin
500 g de semoule de couscous moyenne
200 g de raisins secs
300 g d'abricots moelleux
100 g de beurre demi-sel
Harissa
3 cl d'huile d'olive
Sel, poivre du moulin

1. Coupez la viande en morceaux. Épluchez puis hachez les oignons et les gousses d'ail. Dans une cocotte, faites chauffer l'huile d'olive et faites-y revenir les morceaux d'agneau. Salez et poivrez. Ajoutez les oignons et l'ail. Faites cuire 5 min à feu vif. Ajoutez le paprika, le cumin et un bâton de cannelle. Recouvrez largement d'eau. Couvrez la cocotte et faites cuire à feu doux pendant 2 h.

2. Préchauffez le four à 180 °C (th. 6). Disposez les amandes et les pignons de pin dans un grand plat allant au four. Enfournez-les pour 10 min de cuisson. Faites cuire la semoule de couscous comme indiqué à l'étape 3 p.68 et réservez-la.

3. Dans une casserole, mettez les raisins et les abricots. Salez, poivrez et ajoutez le second bâton de cannelle. Mouillez à hauteur avec de l'eau. Couvrez la casserole avec une assiette et faites chauffer doucement. Laissez gonfler 15 min.

4. Avant de servir, faites fondre le beurre et incorporez-le à la semoule de couscous. Égrainez la semoule à la fourchette et faites-la réchauffer au four à micro-ondes.

5. Versez la semoule dans un grand plat creux en formant un puits au centre. Déposez-y la viande avec les abricots et les raisins. Parsemez le plat d'amandes et de pignons de pin. Servez bien chaud accompagné du bouillon de cuisson et d'un peu d'harissa.

COUSCOUS DE PIGEON AUX RAISINS CONFITS

Pour 6 personnes / 30 min de préparation / 50 min de cuisson

Ingrédients

3 oignons
6 carottes
6 pigeons prêts à cuire
1 cuil. à café de paprika
500 g de semoule de couscous moyenne
250 g de raisins secs
1 cuil. à soupe de miel d'acacia
Quelques filaments de safran
100 g de beurre demi-sel
½ bouquet de coriandre
200 g d'amandes effilées
Harissa
4 cl d'huile d'olive
Sel, poivre du moulin

1. Épluchez les oignons et les carottes. Coupez deux des oignons en quatre et émincez finement le troisième. Coupez les carottes en tronçons. Découpez les pigeons en deux dans le sens de la longueur.

2. Faites chauffer 2 cuil. à soupe d'huile d'olive dans une cocotte. Faites-y revenir les pigeons de tous les côtés. Ajoutez les quartiers d'oignon, les carottes et le paprika. Salez. Mouillez avec 2 litres d'eau et portez doucement à ébullition. Laissez cuire 40 min.

3. Pendant ce temps, faites cuire la semoule de couscous comme indiqué à l'étape 3 p.68 puis réservez-la. Dans une casserole, faites chauffer le reste d'huile d'olive. Faites-y fondre l'oignon émincé pendant 4 min à feu vif. Laissez-le légèrement caraméliser avant d'ajouter les raisins secs et le miel. Versez 2 cuil. à soupe de bouillon et le safran. Laissez cuire 10 min à feu doux.

4. Avant de servir, faites fondre le beurre et incorporez-le à la semoule. Égrainez-la à la fourchette et faites-la réchauffer au four à micro-ondes.

5. Versez la semoule dans un grand plat creux en formant un puits au centre. Déposez-y les demi-pigeons et entourez-les des carottes. Couvrez avec les raisins confits et la coriandre grossièrement hachée.

MAFTOUL AUX HARICOTS ROUGES

Pour 6 personnes / 15 min de préparation / 1 nuit de trempage / 1 h 40 de cuisson

Ingrédients

150 g de haricots rouges
75 cl de bouillon de volaille
1 gros oignon
4 gousses d'ail
300 g de maftoul
1 cuil. à café de cumin en poudre
100 g de roquette
3 cl d'huile d'olive
Sel, poivre du moulin

1. Faites tremper les haricots rouges dans de l'eau pendant une nuit. Dans une grande casserole, faites chauffer le bouillon de volaille. Ajoutez-y les haricots rouges et faites-les cuire à petits bouillons pendant 1 h.

2. Épluchez l'oignon et hachez-le finement. Épluchez les gousses d'ail et écrasez-les à l'aide du plat de la lame d'un grand couteau. Dans une poêle, faites chauffer l'huile d'olive et ajoutez-y l'oignon et l'ail. Faites-les frire jusqu'à ce qu'ils soient dorés. Ajoutez le maftoul et laissez-le revenir dans l'huile pendant 1 min.

3. Versez le maftoul dans la casserole contenant les haricots rouges. Ajoutez le cumin et couvrez la casserole. Laissez cuire doucement pendant 30 min en ajoutant éventuellement un peu d'eau en cours de cuisson si nécessaire.

4. Lorsque les haricots sont bien tendres, assaisonnez. Ajoutez au dernier moment les feuilles de roquette. Mélangez et servez bien chaud dans des assiettes creuses.

PASTILLA D'AGNEAU

Pour 6 personnes / 20 min de préparation / 25 min de cuisson

Ingrédients

½ bouquet de persil plat
½ bouquet de coriandre
1 oignon
3 cm de gingembre frais
800 g de gigot d'agneau
1 cuil. à café de cannelle moulue
1 cuil. à café de cumin moulu
4 œufs
100 g de beurre
10 feuilles de brick
Sel, poivre du moulin

Matériel

Hachoir muni d'une grille moyenne
Pinceau alimentaire
Moule à manqué de 24 cm de diamètre

1. Lavez et essorez le persil et la coriandre. Effeuillez-les et hachez-les grossièrement. Épluchez l'oignon et le gingembre. Hachez-les finement. Coupez la viande en cubes avant de la passer au hachoir.

2. Dans un saladier, mélangez la viande, les épices, l'oignon et le gingembre. Salez et poivrez, puis incorporez bien les œufs et les herbes. Préchauffez le four à 200 °C (th. 6-7).

3. Procédez au montage de la pastilla. Faites fondre le beurre. Beurrez une face de chaque feuille de brick au pinceau. Disposez 5 feuilles de brick dans le moule, face beurrée vers le bas. Faites bien remonter les feuilles de brick sur les bords du moule.

4. Répartissez la farce de viande sur les feuilles de brick. Recouvrez-la avec les 5 feuilles de brick restantes, leur face beurrée sur le dessus. Rentrez le surplus des feuilles supérieures le long des bords du moule. Beurrez généreusement le dessus de la pastilla avant de l'enfourner pour 25 min de cuisson. Lorsque la pastilla est bien dorée et croustillante, démoulez-la et dégustez sans attendre.

CONSEIL

Vous pouvez légèrement saupoudrer la pastilla de sucre glace et de cannelle avant de la servir.

PASTILLA DE PIGEON

Pour 6 personnes / 45 min de préparation / 1 h 45 de cuisson

Ingrédients

1 oignon
½ bouquet de coriandre
½ bouquet de persil plat
4 pigeons prêts à cuire
Quelques filaments de safran
1 cuil. à soupe de ras el hanout
200 g d'amandes mondées
40 g de sucre en poudre
2 cuil. à café de cannelle moulue
5 œufs
130 g de beurre
15 feuilles de brick
1 jaune d'œuf
Sucre glace
5 cl d'huile d'olive
Sel, poivre du moulin

Matériel

Pinceau alimentaire
Moule à manqué de 24 cm de diamètre

1. Épluchez l'oignon et hachez-le. Lavez, essorez puis effeuillez la coriandre et le persil. Hachez-les. Dans une cocotte, faites chauffer 3 cl d'huile d'olive. Faites-y revenir les pigeons de tous les côtés. Ajoutez l'oignon et faites-le revenir 2 min. Ajoutez les herbes, le safran et le ras el hanout. Salez et poivrez. Mélangez bien. Versez 20 cl d'eau, couvrez et laissez cuire 1 h. Retournez les pigeons à mi-cuisson.

2. Faites dorer les amandes dans une poêle avec le reste d'huile d'olive. Concassez-les ensuite finement. Mélangez-les avec le sucre en poudre et la cannelle. Lorsque les pigeons sont cuits, ôtez-les de la cocotte. Désossez-les et émiettez la viande dans un saladier. Battez les œufs dans un bol et ajoutez-les dans la cocotte hors du feu. Mélangez au fouet et faites-les cuire quelques minutes sans cesser de remuer, jusqu'à obtention d'une sauce crémeuse. Réservez hors du feu.

3. Préchauffez le four à 200 °C (th. 6-7). Faites fondre le beurre. Beurrez une face de chaque feuille de brick au pinceau. Disposez 5 feuilles de brick dans le moule, face beurrée vers le bas, en les laissant dépasser du moule. Déposez 2 autres feuilles au fond.

4. Répartissez la moitié de la viande dans le moule, puis la moitié de la sauce et des amandes. Recouvrez avec 3 feuilles de brick, en rentrant bien les bords à l'intérieur du moule. Étalez le reste des ingrédients avant de les recouvrir des 5 feuilles de brick restantes. Rentrez ce qui dépasse des feuilles à l'intérieur du moule. Badigeonnez la pastilla de jaune d'œuf dilué avec 1 cuil. à soupe d'eau. Enfournez pour 25 min de cuisson. Saupoudrez d'un peu de cannelle et de sucre glace avant de servir.

CORNES DE GAZELLE

Pour 12-15 cornes de gazelle / 30 min de préparation / 15 min de cuisson

Ingrédients
500 g de pâte d'amandes
40 g de beurre demi-sel
250 g de farine
3 cuil. à soupe d'eau de fleur d'oranger
1 blanc d'œuf

Matériel
Emporte-pièce rond cannelé de 10 cm de diamètre
Papier sulfurisé

1. Travaillez à la main la pâte d'amandes afin de la rendre malléable. Formez des boules de pâte d'amandes de la taille d'une noix. Façonnez celles-ci en forme de cigares.

2. Faites fondre le beurre. Dans un saladier, mettez la farine en formant une fontaine au centre. Versez-y le beurre fondu et 2 cuil. à soupe d'eau de fleur d'oranger. Mélangez avec les doigts. Incorporez l'eau de fleur d'oranger restante et pétrissez jusqu'à obtenir une pâte homogène.

3. Sur un plan de travail légèrement fariné, étalez la pâte sur une épaisseur de 1 mm à l'aide d'un rouleau à pâtisserie. Découpez-la en disques à l'aide de l'emporte-pièce rond cannelé (autant que de boules de pâte d'amandes).

4. Disposez les disques sur une feuille de papier sulfurisé. Au centre de chaque disque, placez un cigare de pâte d'amandes. Humectez le bord des disques de pâte avec un peu de blanc d'œuf préalablement battu à la fourchette. Rabattez le disque de pâte sur la boule de pâte d'amandes. Pressez les bords de la pâte ensemble avec les doigts afin de bien souder les cornes de gazelle.

5. Préchauffez le four à 180 °C (th. 6). Donnez aux cornes de gazelle la forme d'un croissant en les courbant un peu. Piquez-les légèrement avec une fourchette et badigeonnez-les de blanc d'œuf. Enfournez-les pour 15 min de cuisson. Laissez refroidir avant de servir.

CIGARES AUX AMANDES

Pour 6 personnes / 30 min de préparation / 15 min de cuisson

Ingrédients
500 g de pâte d'amandes
1 blanc d'œuf
20 feuilles de brick
250 g de miel d'acacia
Huile pour friture

1. Travaillez la pâte d'amandes à la main de sorte qu'elle ramollisse un peu et soit facilement malléable. Façonnez ensuite la pâte d'amandes en fins cigares de 10 cm de long environ. Faites chauffer l'huile de friture à 180 °C. Battez à la fourchette le blanc d'œuf.

2. Pliez chaque feuille de brick en deux. Déposez un cigare de pâte d'amandes du côté arrondi de chaque feuille, puis roulez la feuille sur la farce en formant un cigare. Badigeonnez d'un peu de blanc d'œuf l'extrémité libre de chaque feuille pour souder les cigares.

3. Dans une casserole, faites tiédir le miel d'acacia. Plongez les cigares dans l'huile de friture par petites quantités. Laissez-les dorer 3 ou 4 min, puis égouttez-les sur du papier absorbant.

4. Plongez les cigares dans le miel chaud, puis laissez-les égoutter sur une grille. Servez ces cigares en accompagnement d'un bon café.

CONSEIL

Si vous le souhaitez, aromatisez le miel d'acacia avec 2 cuil. à soupe d'eau de fleur d'oranger.

3. ASIE

RAVIOLIS CHINOIS

Pour env. 6 personnes / 1 h 30 de préparation / 5 min de cuisson

Ingrédients

Pour la pâte à raviolis

300 g de farine
16 cl d'eau

Pour la farce

400 g de porc frais haché (poitrine, épaule)
¼ de chou chinois
4 oignons nouveaux
10 tiges de ciboule
2 cm de gingembre frais
1 œuf
Sauce soja
Sel, poivre

Pour la sauce

2 cm de gingembre frais
7 ou 8 tiges de ciboule
2 cuil. à soupe de coriandre fraîche hachée
3 pincées de sucre
25 cl de sauce soja
10 cl de vinaigre noir chinois
1 cuil. à soupe d'huile de sésame

1. Placez les ingrédients de la pâte au réfrigérateur pendant 1 ou 2 h. Placez la farine sur le plan de travail, formez une fontaine. Versez-y l'eau bien froide. Mélangez l'eau à la farine en tournant de l'intérieur vers l'extérieur, jusqu'à former une pâte. Pétissez la pâte quelques minutes. Formez une boule, farinez-la un peu, enveloppez la dans du film alimentaire et laissez-la reposer au frais pendant 1 h.

2. Pour la farce. Épluchez, hachez le gingembre et les oignons. Hachez aussi la ciboule et le chou chinois. Dans un saladier, mélangez le porc haché avec de la sauce soja (environ 8 cuil. à soupe), du poivre, du sel, l'œuf ainsi que le gingembre, la ciboule, les oignons et le chou hachés, afin d'obtenir une farce assez homogène.

3. Pour la sauce. Épluchez, hachez le gingembre et la ciboule. Dans un bol, mélangez ces aromates aux autres composants de la recette. Étalez la pâte et formez des cercles d'environ 7 à 8 cm de diamètre. Déposez une noix de pâte au centre et sceller les raviolis en appuyant bien sur les deux bords.

4. Faites bouillir un grand volume d'eau. Plongez délicatement les raviolis dans le liquide brûlant. Remuez très délicatement. Quand l'ébullition reprend, comptez 2 min (à petite ébullition). Égouttez avec une écumoire et présentez les raviolis, tels quels, dans un plat.

BŒUF AUX OIGNONS

Pour env. 4 personnes / 20 min de préparation / 5 min de cuisson

Ingrédients

400 g de faux-filet de bœuf
2 gros oignons blancs ou oignons des Cévennes
4 gousses d'ail
1 petit morceau de gingembre frais
6 cuil. à soupe de sauce soja
4 cuil. à soupe de vin blanc sec
4 pincées de sucre
1 cuil. à café de Maïzena
1 pincée de mélange cinq-épices
2 cuil. à soupe d'huile de sésame
Huile végétale pour la cuisson
Quelques brins de coriandre
Sel, poivre

Matériel

Poêle ou wok de grande taille

1. Coupez le faux-filet en lanières pas trop fines, si possible. Placez la viande dans un saladier. Salez, poivrez, ajoutez la Maïzena, l'ail et le gingembre finement épluchés et hachés. Mélangez avec les doigts.

2. Épluchez les oignons, coupez-les relativement finement. Dans un bol, mélangez la sauce soja, le vin, le sucre, le mélange cinq-épices et l'huile de sésame.

3. Faites chauffer le wok à feu très vif, ajoutez 4 ou 5 cuil. à soupe d'huile. Commencez par faire cuire la viande pendant 2 à 3 min en remuant souvent.

4. Ajoutez les oignons, laissez cuire encore 3 ou 4 min en remuant. Versez la sauce au soja, en remuant vivement, retirez du feu. Présentez le plat dans une grande assiette, parsemez de coriandre et servez sans attendre.

VARIANTE

Cette recette issue du nord de la Chine peut aussi se préparer avec de l'agneau.

NOUILLES SAUTÉES

Pour 4 à 6 personnes / 25 min de préparation / 15 min de cuisson

Ingrédients

1 sachet de nouilles chinoises, fraîches de préférence
1 carotte
1 oignon blanc
Quelques pois gourmands équeutés (si possible)
100 g de pousses de bambou
1 petit morceau de blanc de poireau
1 petit morceau de gingembre frais
4 gousses d'ail
4 champignons noirs, réhydratés
10 cuil. à soupe de sauce soja
4 cuil. à soupe de sauce aigre-douce
Coriandre
Huile pour la cuisson
Sel, poivre

Matériel

Grande poêle ou wok

1. Épluchez la carotte et l'oignon. Coupez-les en fins bâtonnets. Ébouillantez un instant les pois gourmands, coupez-les comme la carotte. Détaillez les pousses de bambou pareillement. Épluchez, puis hachez le poireau, le gingembre et l'ail.

2. Faites bouillir une casserole d'eau, plongez-y les nouilles. Comptez 2 ou 3 min de cuisson, puis égouttez les nouilles, en gardant une petite tasse de leur eau de cuisson.

3. Faites chauffer le wok à feu vif avec un bon trait d'huile. Quand elle est bien chaude, ajoutez le gingembre, le poireau, la carotte, l'oignon, les pousses de bambou, les pois gourmands et les champignons noirs hachés. Salez, poivrez et faites sauter pendant 4 ou 5 min. Ajoutez les nouilles, mélangez et faites sauter 2 ou 3 min de plus.

4. Pendant ce temps, mélangez la sauce soja avec l'ail haché et la sauce aigre-douce. Versez cette préparation sur les pâtes, ajoutez un peu d'eau de cuisson des pâtes, mélangez, laissez cuire 2 ou 3 min supplémentaires. Décorez de quelques brins de coriandre, servez aussitôt.

BEIGNETS DE CREVETTES

Pour env. 4 personnes / 20 min de préparation / 4 min de cuisson

Ingrédients

24 queues de crevettes crues, décortiquées (sauf l'extrémité, pour la présentation)
1 œuf
125 g de farine
1 sachet de levure chimique
2 litres d'huile pour la cuisson
Sel, poivre

Matériel

Thermomètre, si possible
Friteuse ou grande casserole
Écumoire
Papier absorbant

1. Salez et poivrez les crevettes crues. Dans un bol, mélangez au fouet l'œuf, la farine, la levure et 50 ml d'eau. Quand la pâte est bien lisse et sans grumeaux, elle est prête.

2. Versez l'huile dans une casserole. Faites chauffer. Quand elle atteint 150-160 °C (vérifiez avec un thermomètre si vous en avez un), elle est à la bonne température.

3. Trempez, l'une après l'autre, les queues de crevettes dans la pâte (sauf l'extrémité), laissez brièvement s'écouler l'excédent de pâte, puis plongez-les dans la friture. Comptez environ 3 ou 4 min de cuisson. Sortez-les avec une écumoire, épongez les beignets sur du papier absorbant. Servez-les très chauds avec des petites soucoupes de sauce soja et de sauce au piment.

CONSEILS

Évitez de trop faire cuire ces beignets afin que les queues de crevettes restent bien tendres. Ne faites pas cuire trop de crevettes à la fois : elles risqueraient de se coller les unes aux autres dans la friture.

RIZ BLANC À LA CHINOISE ET RIZ CANTONAIS

Pour env. 6 personnes / 20 min de préparation / 25 min de cuisson

Ingrédients

Pour le riz blanc à la chinoise

250 g de riz blanc

Pour le riz cantonais

250 g de riz blanc cuit

2 tranches de jambon

2 œufs

1 petit blanc de poireau

1 morceau de gingembre frais

1 poignée de petits pois

1 poignée de maïs en boîte, égoutté

Huile végétale

Huile de sésame

Sel, poivre

Matériel

Cuiseur à riz

Wok ou poêle pour le riz cantonais

1. Préparez le riz blanc. Réunissez dans le bol du cuiseur à riz 30 cl d'eau et le riz préalablement rincé à l'eau froide. Couvrez, enclenchez le cycle de cuisson.

2. Préparez le riz cantonais. Cassez les œufs dans un bol, salez, poivrez, battez-les avec une fourchette. Faites-les cuire dans une poêle très chaude, avec un peu d'huile végétale, en remuant constamment avec une fourchette. Transférez les œufs cuits sur une assiette, émiettez-les sommairement. Épluchez et hachez finement le poireau et le gingembre.

3. Faites chauffer le wok à feu moyen avec un bon trait d'huile végétale. Ajoutez le poireau et le gingembre, faites cuire 2 min en remuant. Ajoutez les petits pois, le maïs, laissez cuire 2 ou 3 min puis incorporez le riz cuit et chaud. Mélangez, ajoutez les œufs et le jambon coupé en petits dés. Salez et poivrez, mélangez délicatement. Hors du feu, ajoutez 1 cuil. à soupe d'huile de sésame, mélangez et servez aussitôt.

CONSEILS

Pour le riz nature, choisissez un riz parfumé. Pour le riz cantonais, vous pouvez prendre un simple riz rond

MAKI

Pour 4 à 6 personnes / 25 min de préparation / 30 min de cuisson / 1 h de repos

Ingrédients

Pour le riz

250 g de riz
5 cuil. à soupe de vinaigre de riz
2 cuil. à soupe de sucre
3 pincées de sel

Pour le poisson

300 g de thon cru très frais (ou daurade, saumon,...)
3 oignons nouveaux
2 cuil. à soupe de ciboulette hachée
1 cuil. à soupe de gingembre frais, finement haché
¼ de cuil. à café de wasabi
Feuilles de nori pour maki

Matériel

Rouleau pour maki
Film alimentaire

1. Lavez le riz japonais dans une passoire et placez-le dans le cuiseur avec 30 cl d'eau froide. Portez le tout à ébullition, couvrez, réglez le feu à son minimum et laissez cuire très lentement pendant 25 min environ. Lorsque le riz est cuit, stoppez la cuisson, ôtez le couvercle pour éviter la condensation et couvrez à nouveau avec un torchon humide bien propre. Laissez reposer et refroidir pendant 30 min. Dans un bol, mélangez le vinaigre, le sucre et le sel, puis incorporez ce mélange dans le riz cuit. Laissez-le reposez 1 h.

2. Coupez le thon en petits cubes plus ou moins réguliers d'environ 1 cm de côté. Épluchez les oignons et ciselez-les très finement.

3. Dans un saladier, réunissez le poisson, les oignons, le gingembre, la ciboulette et le wasabi. Mélangez le tout très délicatement pour bien répartir les ingrédients et éviter d'écraser le thon.

4. Sur un petit tapis de bambou recouvert avec un film alimentaire, posez 1 feuille de nori et tapissez-la avec du riz pour maki. Disposez le poisson horizontalement et roulez le tout en pressant légèrement afin d'obtenir un rouleau régulier. Découpez ensuite ces rouleaux en bouchées. Servez avec de la sauce soja et du gingembre au vinaigre.

CONSEIL

Vous trouverez le rouleau pour maki, indispensable pour préparer cette recette, dans les épiceries japonaises.

SUSHI DE THON

Pour 4 à 6 personnes / 25 min de préparation / 25 min de cuisson / 30 + 20 min de repos

Ingrédients

Pour le riz au vinaigre

250 g de riz japonais pour sushi
40 g de vinaigre de riz
10 g de sucre en poudre
20 g de sirop de maïs coréen (en épicerie asiatique)
2 ou 3 pincées de sel fin

Pour le poisson

500 g de filet de thon rouge frais

Pour l'assaisonnement

30 g de wasabi

Matériel

Passoire
Cuiseur à riz, si possible
Couteau tranchant

1. Lavez le riz japonais dans une passoire et placez-le dans le cuiseur avec 30 cl d'eau froide. Portez le tout à ébullition, couvrez, réglez le feu à son minimum et laissez cuire très lentement pendant 25 min environ. Lorsque le riz est cuit, stoppez la cuisson, ôtez le couvercle pour éviter la condensation et couvrez à nouveau avec un torchon humide bien propre. Laissez reposer et refroidir pendant 30 min.

2. Dans un petit bol, mélangez les ingrédients de l'assaisonnement au vinaigre. Mélangez le riz refroidi et l'assaisonnement. Mettez de côté dans le réfrigérateur pendant 20 min.

3. Pour préparer les sushi, il est indispensable de n'utiliser que du poisson extrêmement frais. Demandez conseil à votre poissonnier. Choisissez du filet de thon rouge prélevé dans la partie ventrale ou dorsale du poisson. Sur une planche très propre et avec un couteau bien tranchant, éliminez la peau et, le cas échéant, les arêtes. Détaillez la pièce de poisson en rectangles d'environ 6 x 2,5 cm et d'une épaisseur proche de 0,8 cm. Réservez au froid.

4. Avec les mains, façonnez le riz cuit et refroidi en boulettes allongées de 5 cm de long et 2 cm de large. Enduisez l'une des faces des morceaux de thon avec une petite pincée de wasabi, puis posez-les sur les boulettes de riz en pressant légèrement. Placez les sushi au réfrigérateur ou servez-les aussitôt sur une planche de bois décorée avec des concombres, du daikon râpé et du gingembre émincé au vinaigre. N'oubliez pas de présenter de la sauce soja dans des petites coupelles.

SOUPE JAPONAISE AU MISO

Pour 4 à 6 personnes / 20 min de préparation / 10 min de cuisson

Ingrédients

18 grosses crevettes crues surgelées
1 cuil. à soupe de wakame (algues)
100 g de tofu ferme
½ brocoli
3 oignons nouveaux
1 cuil. à café de dashi en granules
3 cuil. à soupe de miso rouge
200 g de nouilles soba

1. Sortez les crevettes du congélateur et mettez-les de côté dans une assiette. Faites tremper le wakame dans un petit bol d'eau. Taillez le tofu en petits dés. Coupez le brocoli en petits bouquets. Lavez et ciselez la partie verte des oignons nouveaux, mettez de côté.

2. Portez à ébullition 1 l d'eau avec le dashi puis baissez le feu. Prélevez une louche de dashi et diluez dedans la pâte de miso ; reversez dans le bouillon, ajoutez les nouilles, le brocoli et faites cuire pendant 5 à 6 min à feu moyen, le temps que les nouilles et le brocoli soient tendres. Coupez le feu.

3. Décortiquez les crevettes, coupez sur la moitié la partie dorsale afin de retirer si nécessaire le boyau central. Plongez les crevettes dans la soupe chaude et couvrez ; laissez cuire 5 min.

4. Une fois que les crevettes sont devenues roses, servez la soupe bien chaude et parsemez d'oignons ciselés.

SOUPE THAÏLANDAISE AU BŒUF

Pour 4 personnes / 25 min de préparation / Quelques minutes de cuisson

Ingrédients

200 g de bœuf
80 cl de bouillon de volaille
20 cl de lait de coco
2 tiges de citronnelle
6 gousses d'ail
10 tiges de ciboule
2 tomates
100 g de pousses de bambou
1 citron vert
1 poignée de germes de soja
2 cm de gingembre frais
1 cuil. à café rase de pâte de curry rouge
6 cuil. à soupe de nuoc-mâm
1 poignée de vermicelles de riz réhydratés
1 cuil. à café de sucre (de palme, si possible)
Quelques feuilles de basilic violet
1 botte de coriandre
Sel

1. Dans une casserole, assemblez le bouillon, le lait de coco et la pâte de curry rouge. Mélangez avec un fouet à main et faites frémir à feu moyen. Ne laissez pas bouillir.

2. Épluchez la citronnelle. Hachez l'ail et la ciboule. Coupez finement le gingembre. Coupez les tomates en dés ou en tranches. Émincez les pousses de bambou. Ajoutez tous ces ingrédients dans le bouillon. Incorporez également le jus du citron vert et le nuoc-mâm.

3. Juste avant de passer à table, déposez les germes de soja et les vermicelles dans 4 bols individuels. Ajoutez par-dessus le bœuf très finement coupé. Salez et ajoutez le sucre. Déposez le basilic violet grossièrement coupé sur la viande. Versez, pour finir, la soupe bien chaude dans les bols, sur la viande. Parsemez de coriandre hachée.

CONSEIL

La viande doit rester légèrement crue mais la soupe doit être brûlante. Pour y parvenir, versez bien le bouillon presque bouillant dans les bols, pas moins chaud.

SOUPE DE CREVETTES À LA CITRONNELLE

Pour 4 personnes / 25 min de préparation / Quelques minutes de cuisson / 40 min d'infusion

Ingrédients
16 belles queues de crevettes crues, décortiquées
75 cl de bouillon de volaille
2 tiges de citronnelle
4 graines de cardamome
2 citrons verts
2 petites racines de galanga
1 piment lampion rouge
10 tomates cerise
4 oignons nouveaux
8 brins de ciboule
1 boîte de champignons de paille
4 cuil. à soupe de nuoc-mâm
Quelques feuilles de basilic violet

1. Dans une casserole, assemblez le bouillon de volaille, la cardamome, les zestes des citrons verts, 1 racine de galanga pelée et coupée en tranches et 1 tige de citronnelle coupée en deux dans la longueur puis en longs tronçons. Portez à ébullition et retirez aussitôt du feu. Couvrez, laissez infuser pendant 40 min puis filtrez le bouillon.

2. Pelez le reste de la citronnelle et l'autre racine de galanga. Coupez-les en fins bâtonnets ou en tranches fines. Épépinez le piment et coupez-le en petits dés (la moitié suffit). Coupez les tomates en deux. Ciselez les oignons et la ciboule assez finement. Égouttez les champignons. Pressez 1 seul citron vert.

3. Quelques minutes avant de passer à table, ajoutez au bouillon filtré le reste de galanga et de citronnelle, les tomates, les oignons, la ciboule et les champignons. Faites frémir. Ajoutez les queues de crevettes, laissez frémir de 3 à 4 min pas plus, puis retirez du feu. Terminez la recette en ajoutant le piment, le jus de citron vert, le nuoc-mâm et les feuilles de basilic violet. Répartissez la soupe dans des bols individuels et servez bien chaud.

VARIANTES

Remplacez les crevettes par des dés de lotte mais aussi par des noix de saint-jacques, des grosses moules d'Espagne, des palourdes, des coques...

PHO

Pour 4 à 6 personnes / 35 min de préparation / 3 h + quelques minutes de cuisson

Ingrédients

Pour le bouillon de bœuf

2 kg de bœuf (paleron, macreuse ou autre)
3 oignons
3 carottes
2 poireaux
2 branches de céleri
2 cm de gingembre frais
1 tête d'ail
Quelques grains de poivre

Pour la finition

250 g de nouilles de riz
8 tiges de ciboule
4 oignons nouveaux
Quelques feuilles de basilic thaï
1 piment oiseau
4 belles pincées de coriandre fraîche
1 citron
Sel

Matériel

Marmite

1. Placez la viande dans une marmite, recouvrez-la de 2 cm d'eau froide et portez à ébullition. Écumez, ajoutez tous les légumes, le gingembre, l'ail et le poivre. Laissez cuire très doucement, pendant 3 h, en ajoutant un peu d'eau chaude de temps en temps pour que le niveau d'eau reste constant dans la marmite. Filtrez le bouillon, dégraissez-le, récupérez les légumes et la viande.

2. Faites tremper les nouilles de riz dans de l'eau très chaude pendant 15 min. Dans 4 grands bols, répartissez les nouilles, la moitié de la viande cuite coupée en dés ou en fines tranches, 2 carottes cuites coupées en rondelles, la ciboule, le basilic, le piment et les oignons nouveaux finement coupés.

3. Dans une casserole, faites frémir le bouillon, salez-le légèrement. Versez-le brûlant dans les bols, terminez la recette en ajoutant quelques gouttes de citron et de la coriandre.

CONSEILS

Il n'existe pas une mais mille recettes de pho. À vous d'inventer la vôtre en modifiant la recette du bouillon ou en faisant varier la garniture. Utilisez le reste du bœuf et des légumes pour agrémenter soupes et salades.

NEMS

Pour 4 à 6 personnes / 1 h de préparation / Quelques minutes de cuisson

Ingrédients
2 blancs de poulet rôti froids ou 200 g de crevettes cuites (en option)
8 oignons nouveaux
2 carottes
1 poignée de champignons noirs déshydratés
2 poignées de germes de soja
250 g de vermicelles de riz
1 œuf extra frais
1 morceau de gingembre frais, épluché
Crêpes de riz
Huile végétale
Sel, poivre

Pour le service
Feuilles de salade
Feuilles de menthe
Sauce pour nems

1. Coupez les oignons nouveaux puis faites-les cuire 5 ou 6 min à la poêle avec un peu d'huile. Faites tremper les vermicelles dans de l'eau froide. Faites tremper les champignons dans de l'eau très chaude. Pendant ce temps, coupez sommairement les germes de soja, épluchez les carottes et râpez-les. Si vous les utilisez, hachez grossièrement le poulet ou les crevettes. Égouttez soigneusement les vermicelles et les champignons, puis hachez-les grossièrement.

2. Dans un saladier, assemblez les vermicelles, les champignons, les germes de soja, les carottes, les oignons cuits, le gingembre haché, le poulet ou les crevettes. Salez et poivrez. Ajoutez l'œuf, mélangez bien.

3. Faites tremper 1 crêpe de riz 15 à 20 s dans de l'eau un peu chaude. Posez-la devant vous, sur un linge propre. Déposez dessus la valeur de 2 bonnes cuillerées à soupe de garniture. Roulez la garniture dans la feuille, en serrant un peu, en faisant attention de ne pas la déchirer. Rabattre les bords. Rabattez les bords, puis finissez de rouler le nem afin de le rendre bien hermétique pour que l'huile de cuisson ne le pénètre pas. Procédez ainsi jusqu'à épuisement des crêpes et de la garniture.

4. Faites chauffer un bon trait d'huile dans une grande poêle. Faites dorer les nems dans l'huile chaude en les retournant de temps à autre. Servez-les bien chauds et croustillants avec la salade, les feuilles de menthe et la sauce.

CONSEILS

Les nems peuvent aussi se faire cuire en friteuse. Modifiez la garniture à votre goût : utilisez courgettes, shiitakés, champignons de Paris, ajoutez du piment, du galanga, etc.

POULET AU GINGEMBRE

Pour 4 personnes / 25 min de préparation / Quelques minutes de cuisson

Ingrédients
4 blancs de poulet, sans peau
2 oignons blancs
8 ciboules
½ botte de coriandre
1 citron vert
1 morceau de gingembre
2 cuil. à soupe de sucre
6 cuil. à soupe de sauce d'huîtres
8 cuil. à soupe de nuoc-mâm
1 cuil. à café rase de Maïzena
Huile végétale
Sel, poivre

Matériel
Wok

1. Coupez les blancs de poulet en fins morceaux. Pelez le gingembre et taillez-le en fins bâtonnets. Dans un saladier, mélangez le poulet, du sel, du poivre, le gingembre, le sucre, la sauce d'huîtres, le nuoc-mâm et la Maïzena.

2. Faites chauffer le wok à feu vif avec un bon trait d'huile. Coupez les oignons en rondelles et faites-les dorer dans l'huile. Ajoutez le poulet ; faites cuire à feu vif, pendant 3 ou 4 min, en mélangeant souvent. Ajoutez la ciboule hachée, mélangez et retirez du feu.

3. Transférez la préparation dans un plat. Décorez avec de la coriandre hachée. Servez bien chaud avec des quartiers de citron vert et du riz blanc.

VARIANTES

Préparez aussi cette recette avec des magrets de canard dégraissés, des aiguillettes de canard, ou pour une version végétarienne avec du tofu.

TRAVERS DE PORC À LA CITRONNELLE FRAÎCHE

Pour 4 personnes / 35 min de préparation / 1 h de marinade / 1 h 15 de cuisson

Ingrédients
1 kg de travers de porc découpé
8 gousses d'ail
4 tiges de citronnelle + 1
1 piment lampion
1 citron vert
10 cuil. à soupe de sauce d'huîtres
10 cuil. à soupe de sauce soja
4 cuil. à soupe de sucre
Coriandre fraîche

1. Épluchez l'ail, épépinez le piment, épluchez la citronnelle. Hachez assez finement ces aromates. Mettez-les dans un saladier et mélangez-les avec la sauce d'huîtres, la sauce soja et le sucre.

2. Mélangez, avec vos mains, la préparation à la citronnelle et les travers de porc. Laissez mariner pendant 1 bonne heure.

3. Préchauffez le four à 180 °C (th. 6). Étalez les travers de porc et leur marinade sur une plaque recouverte de papier sulfurisé. Enfournez pour environ 1 h 15 de cuisson. Si la marinade colore trop vite et menace de brûler, ajoutez un petit verre d'eau en cours de cuisson.

4. Sortez les travers du four. Présentez-les dans un plat, avec le jus de cuisson. Décorez et finissez la recette avec de la citronnelle fraîchement hachée, de la coriandre et des quartiers de citrons verts.

VARIANTES

Une recette très simple à préparer avec des ailerons de volaille ou des pilons de poulet. Vous pouvez aussi réaliser la cuisson en cocotte, à feu assez doux.

FONDUE VIETNAMIENNE

Pour 6 personnes / 1 h de préparation / Quelques minutes de cuisson

Ingrédients

200 g de lotte
200 g de queues de crevettes crues, décortiquées
200 g de calmars extra frais, découpés en anneaux
400 g de coquillages (moules, palourdes…)
600 g de légumes de votre choix (soja, courgettes, pak-choï, chou chinois, vermicelles)
2 à 3 l de bouillon de bœuf
4 tomates
4 gousses d'ail
4 tiges de citronnelle
Nuoc-mâm
Citrons jaunes

Matériel

Réchaud et bol-poêlon pour fondue
Petites épuisettes

1. Versez le bouillon bien dégraissé dans le poêlon. Ajoutez les tomates coupées en tranches, les tiges de citronnelle coupées en deux dans la longueur et les gousses d'ail épluchées et émincées. Portez le bouillon à ébullition, puis faites-le frémir en réglant l'intensité du réchaud.

2. Quand les convives sont attablés, ajoutez au bouillon les légumes les plus longs à cuire. Avant qu'ils ne soient à point, ajoutez tout ou partie des coquillages, la lotte coupée en tranches, les crevettes et les anneaux de calmar.

3. Les convives « pêchent » légumes et fruits de mer avec des petites épuisettes et les mettent dans leurs bols, avec ou sans bouillon. Puis ils assaisonnent légèrement de nuoc-mâm et de jus de citron.

CONSEILS

Il existe, là aussi, de très nombreuses versions de cette recette ; certaines sont très piquantes, quand on ajoute des piments dans le bouillon de cuisson. Mais le plus souvent, ce sont les poissons et les fruits de mer qui sont mis à l'honneur, la viande ne s'invitant ici que de manière très occasionnelle.

RAVIOLIS CORÉENS FRITS

Pour 4 à 6 personnes / 1 h 30 de préparation / 20 min de cuisson

Ingrédients

Pâte à raviolis p. 88

Pour la farce

350 g de porc frais haché
2 cm de gingembre frais
4 gousses d'ail
4 oignons nouveaux
10 tiges de ciboule
¼ de chou chinois
1 œuf
50 g de kim chi (chou fermenté)
Sauce soja
Huile végétale
Sel, poivre

Pour la sauce

2 cm de gingembre frais
7 ou 8 tiges de ciboule
3 pincées de sucre
25 cl de sauce soja
10 cl de vinaigre noir chinois
1 cuil. à soupe d'huile de sésame
2 cuil. à soupe de coriandre fraîche hachée

1. Préparez la pâte des raviolis en suivant la recette de la page 88.

2. Préparez la farce. Épluchez et hachez le gingembre, l'ail et les oignons. Hachez aussi la ciboule et le chou chinois. Dans un saladier, mélangez le porc haché avec le kim chi haché, de la sauce soja (environ 6 cuil. à soupe), du poivre, du sel et l'œuf. Ajoutez le gingembre, l'ail, la ciboule, les oignons et le chou hachés, afin d'obtenir une farce assez homogène.

3. Préparez la sauce. Épluchez et hachez le gingembre et la ciboule. Dans un bol, mélangez ces aromates aux autres composants de la recette. Formez les raviolis comme indiqué page 88.

4. Faites bouillir un grand volume d'eau. Plongez délicatement les raviolis (tout ou partie) dans le liquide brûlant. Mélangez très délicatement. Quand l'ébullition reprend, comptez 2 min de cuisson, à petite ébullition. Égouttez les raviolis avec une écumoire.

5. Huilez une grande poêle, rangez des raviolis les uns à côté des autres, assez serrés, puis faites chauffer à feu moyen. Laissez les raviolis se colorer d'un seul côté, sans les retourner. Servez-les ainsi, très chauds, avec la sauce d'accompagnement.

KIMCHI
CHOU CHINOIS
wang
김치
NET WT / POIDS NET: 410 g

PAJEON (ŒUFS SAUTÉS EN GALETTE)

Pour 4 à 6 personnes / 15 min de préparation / 10 min de cuisson

Ingrédients

2 œufs frais
1 poignée de moules décoquillées (ou de crevettes, poisson,…)
200 g de farine
1 sachet de levure
15 cl de bouillon ou, à défaut, d'eau
1 oignon blanc
2 blancs de poireaux
1 cuil. à soupe de kim chi
6 brins de ciboule
Graines de sésame
Piment en poudre coréen
8 cuil. à soupe de sauce bulgogi (en épiceries asiatiques)
Huile végétale
Sel, poivre

Matériel

Grande poêle

1. Dans un saladier, mélangez l'eau ou le bouillon froid avec la farine, la levure puis les œufs. Mélangez bien avec un fouet afin d'éliminer les éventuels grumeaux. Épluchez l'oignon blanc, coupez-le en anneaux. Faites cuire ces anneaux à la poêle, avec un peu d'huile, pendant 7 à 8 min. Retirez du feu et mettez de côté.

2. Coupez les blancs de poireaux en tranches assez fines. Faites-les cuire à la poêle avec un peu d'huile, du sel et du poivre, pendant 7 à 8 min. Retirez du feu et mettez de côté. Coupez grossièrement le kim chi.

3. Ajoutez à la pâte aux œufs le kim chi, les poireaux, les moules, la ciboule hachée, du sel et du poivre. Versez un peu d'huile dans une grande poêle. Déposez les oignons en les divisant en 4 petits tas. Versez de la pâte par-dessus afin de former 4 crêpes ressemblant un peu à des blinis.

4. Faites cuire sans trop laisser colorer. Retournez les crêpes et terminez la cuisson. Déposez les crêpes dans les assiettes, ajoutez par-dessus un peu de sauce bulgogi, des graines de sésame et un soupçon de piment en poudre. Servez avec des germes de soja, du riz et des légumes au vinaigre, par exemple.

CONSEIL

On trouve dans les épiceries asiatiques des sachets de pâte pour paejon : il suffit d'y ajouter un peu d'eau et des œufs.

VARIANTES

Vous pouvez garnir la pâte à crêpes de moules, mais aussi de légumes ou de viandes comme un reste de poulet rôti par exemple.

SAMGYETANG (RAGOÛT DE POULET À L'AIL)

Pour 4 à 6 personnes / 30 min de préparation / 1 h 30 de cuisson

Ingrédients

1 poulet
1 petite racine de ginseng
1 grosse noix de gingembre frais
10 gousses d'ail frais
6 shiitakés
10 châtaignes d'eau, si possible
6 brins de ciboule
Sel, poivre en grains

Matériel

Cocotte
Fil de cuisine

1. Ficelez le poulet. Pelez le gingembre et les gousses d'ail. Placez le poulet dans une cocotte. Ajoutez de l'eau froide, sans chercher à le recouvrir parfaitement. Portez à ébullition, écumez la surface. Ajoutez le ginseng, le gingembre, les gousses d'ail, les shiitakés, les châtaignes d'eau et quelques grains de poivre. Couvrez et laissez mijoter doucement pendant environ 1 h 30.

2. Au terme de la cuisson, ajoutez un peu de sel et la ciboule hachée. Servez le poulet avec son bouillon. Vous pouvez aussi le désosser, effilocher sa viande et la servir dans des bols avec le bouillon.

CONSEIL

Il existe dans les épiceries asiatiques des sachets de garniture aromatique pour samgyetang. Il suffit de l'ajouter au début de la cuisson. Le samgyetang est une recette quasi médicinale réputée pour ses vertus tonifiantes et énergisantes.

VARIANTE

On peut aussi farcir la volaille avec du riz gluant, ou des châtaignes d'eau.

AMOK DE POISSON

Pour 4 personnes / 25 min de préparation / 30 min de cuisson

Ingrédients
1 kg de filet de cabillaud, sans peau
1 noix de gingembre frais
3 tiges de citronnelle
2 gousses d'ail
50 cl de lait de coco
1 cuil. à café rase de pâte de curry vert
1 poignée de cacahuètes pelées
Quelques feuilles de basilic violet
Sel, poivre de Kampot

Matériel
Cuit-vapeur
Mortier et pilon
Film alimentaire

1. Coupez le poisson en morceaux, salez-le et poivrez-le. Épluchez le gingembre, la citronnelle et l'ail. Hachez assez finement ces aromates, puis essayez de les écraser encore plus finement dans un mortier.

2. Ajoutez le curry vert, les cacahuètes et la moitié du basilic haché. Il faut obtenir une pâte un peu grossière. Versez le lait de coco, petit à petit, en pilant le mélange.

3. Placez le poisson assaisonné dans un plat creux pouvant tenir dans le cuit-vapeur. Versez par-dessus le lait de coco aux aromates. Salez légèrement.

4. Recouvrez le plat de papier film et placez-le dans le cuit-vapeur. Faites cuire pendant 25 à 30 min environ. Sortez le plat du cuit-vapeur, ôtez le papier film, décorez de quelques feuilles de basilic hachées. Servez chaud.

CONSEIL

On sert souvent cette recette dans des feuilles de bananier, mais ce n'est pas impératif. Le basilic violet s'achète dans les épiceries asiatiques.

SALADE DE VERMICELLES ET CREVETTES

Pour 4 personnes / 25 min de préparation / 5 min de cuisson / 30 min de repos

Ingrédients
1 paquet de vermicelles de riz
200 g de queues de crevettes cuites
1 carotte
1 oignon rouge
1 tige de citronnelle
1 gousse d'ail
1 petite poignée de champignons noirs, réhydratés et égouttés
1 petite botte de coriandre
1 petite poignée de germes de soja
2 citrons verts
5 cl de nuoc-mâm
5 cl de sauce soja
Poivre

1. Faites tremper les vermicelles de riz dans de l'eau bouillante pendant 5 min, puis égouttez-les. Épluchez la carotte et râpez-la. Épluchez l'oignon rouge et coupez-le finement, arrosez-le de quelques gouttes de jus de citron vert. Épluchez la gousse d'ail, la citronnelle, hachez-les. Coupez grossièrement les champignons.

2. Dans un saladier, mélangez le jus des citrons verts, le nuoc-mâm, la sauce soja et un peu de poivre. Ajoutez la carotte, l'oignon, la citronnelle et l'ail. Mélangez bien.

3. Incorporez les crevettes légèrement coupées, les champignons, la coriandre grossièrement coupée, les germes de soja et les vermicelles égouttés et coupés.

4. Mélangez délicatement le tout. Goûtez : si la salade manque de saveur, ajoutez plus de nuoc-mâm, de sauce soja et de jus de citron vert. Idéalement, laissez-la reposer 30 min avant de la servir, bien fraîche.

CONSEIL

Les connaisseurs ajoutent 1 ou 2 piments rouges, épépinés et hachés à cette salade.

BROCHETTES DE CALMARS

Pour 4 personnes / 25 min de préparation / 15 à 20 min de cuisson

Ingrédients

4 calmars préparés par le poissonnier, prêts à cuire
1 citron vert
1 piment rouge
1 gousse d'ail
10 brins de coriandre
10 cuil. à soupe de nuoc-mâm
8 cuil. à soupe de sauce soja
1 cuil. à soupe rase de sucre de palme ou de sucre roux
Huile végétale
Sel, poivre

Matériel

4 ou 8 brochettes
Gril

1. Embrochez chaque calmar avec 1 ou 2 brochettes. Huilez-les légèrement, salez et poivrez. Faites-les griller pendant 15 à 20 min en les retournant de temps en temps.

2. Dans un bol, mélangez le jus du citron vert, le nuoc-mâm, la sauce soja, le piment rouge haché, l'ail haché, la coriandre hachée et le sucre.

3. Retirez les calmars du feu quand ils sont cuits. Avec une cuillère à soupe, nappez-les généreusement de sauce au piment. Servez-les aussitôt, accompagnés d'une salade, d'une salade de vermicelles ou de riz blanc.

VARIANTES

Préparez aussi ces brochettes avec des crevettes ou du poisson comme de la lotte ou du dos de cabillaud, par exemple.

MASALA GHOST (AGNEAU AUX ÉPICES DE L'INDE)

Pour 4 personnes / 20 min de préparation / 25 min de cuisson

Ingrédients

500 g d'agneau sans os
6 gousses d'ail
2 oignons rouges moyens
1 grosse tomate
2 cuil. à soupe d'huile d'olive ou de ghee
5 clous de girofle
8 gousses de cardamome verte
1 gousse de cardamome noire
1 bâton de cannelle
1 feuille de laurier
1 anis étoilé
2 cuil. à café de gingembre frais râpé
1 cuil. à café de curcuma
½ cuil. à café de piment
2 cuil. à café de coriandre, de cumin et de garam masala
2 cuil. à soupe d'amandes en poudre
1 botte de coriandre fraîche

1. Coupez l'agneau en cubes. Épluchez l'ail et les oignons. Réduisez l'ail en purée, hachez les oignons et coupez la tomate en dés.

2. Dans une poêle, faites chauffer l'huile ou le ghee et légèrement dorer les clous de girofle, les gousses de cardamome, le bâton de cannelle, le laurier et l'anis étoilé.

3. Ajoutez l'oignon et laissez-le rissoler quelques. Ajoutez ensuite le gingembre, l'ail, la tomate, le curcuma, le piment, la coriandre et le cumin en poudre et laissez sur le feu 2 à 3 min en remuant bien le tout.

4. Déposez les morceaux d'agneau et mélangez pour qu'ils soient bien enrobés de masala (environ 2 à 3 min).

5. Ajoutez la poudre d'amandes et un verre d'eau et, dès l'ébullition, couvrez et laissez mijoter 5 à 7 min. Saupoudrez de garam masala et décorez de coriandre fraîche avant de servir.

REMARQUE

Si vous souhaitez utiliser un collier d'agneau, laissez mijoter pendant une bonne demi-heure. L'épaule d'agneau ou de chèvre, avec quelques morceaux d'os, est très appréciée en Inde.

VARIANTE

On ajoute souvent des cubes de pommes de terre à ce plat. Pour faire de l'agneau aux épinards, il suffit d'ajouter des épinards frais ciselés ou surgelés quelques minutes avant la fin de la cuisson.

DAHI MURG (POULET AU YAOURT)

Pour 4 personnes / 10 min de préparation / 15 min de repos / 45 min de cuisson

Ingrédients

1 morceau de gingembre frais de 5 cm
8 à 10 gousses d'ail
1 oignon blanc
1 botte de coriandre fraîche
6 à 8 pots de yaourt nature épais
Le jus de 1 citron
1 kg de cuisses de poulet
1 cuil. à café de sel
Poivre en grains

1. Hachez le gingembre et l'ail afin d'obtenir une purée homogène. Émincez l'oignon et ciselez la coriandre.

2. Dans un saladier, versez les yaourts et ajoutez le jus de citron, la purée de gingembre et d'ail.

3. Ajoutez ensuite les cuisses de poulet (sans la peau), le sel, et laissez mariner pendant au moins 15 min (vous pouvez laisser mariner plus longtemps, même la veille en conservant le tout au réfrigérateur).

4. Mettez le poulet et sa marinade dans une casserole et, dès l'ébullition, couvrez et laissez cuire pendant 45 min.

5. Décorez avec la coriandre fraîche et des grains de poivre, puis servez.

REMARQUE

Ajoutez du curcuma pour mettre plus de couleur dans votre plat !

VARIANTE

Vous pouvez ajouter des légumes comme des épinards, des poivrons, des petits pois frais ou encore des haricots verts pour enrichir cette recette.

NAANS

Pour 4 personnes / 15 min de préparation / 10 min de cuisson / 45 min de repos

Ingrédients

1 sachet de levure chimique
1 cuil. à café de sucre
250 g de farine de blé fluide
1 pincée de bicarbonate alimentaire
½ cuil. à café de sel
2 cuil. à soupe d'huile végétale
1 yaourt nature
1/3 de verre d'eau gazeuse

Matériel

Papier sulfurisé

1. Dans un saladier, versez les ingrédients dans l'ordre de la liste. Mélangez avec une cuillère, puis avec la main, pour obtenir une boule souple et homogène. Formez 6 à 8 boules et placez-les dans un saladier.

2. Chauffez le four à 200 °C (th. 6-7). Lorsqu'il a atteint cette température, éteignez-le. Mettez une feuille de papier sulfurisé sur le saladier avec les boules et enfournez le saladier pour 45 min pour faire gonfler la pâte.

3. Pour la cuisson des naans : préchauffez le four à 200 °C (th. 6-7). Aplatissez une boule du bout des doigts en forme ovale pour les naans nature et ronde pour les naans farcis.

4. Enfournez les naans et laissez cuire au minimum 5 min de chaque côté jusqu'à l'obtention d'une jolie coloration.

REMARQUE

Vous pouvez aussi faire cuire des naans dans une poêle ou sur une plancha.

VARIANTE

Vous pouvez mettre des graines de carrom, des feuilles de fenugrec dans la pâte et/ou des graines de nigelle ou de l'ail écrasé sur le naan.

TAPIOCA AU LAIT DE COCO

Pour 4 personnes / 25 min de préparation / 15 min de cuisson

Ingrédients

120 g de tapioca en perles, colorées ou non
50 cl de lait de coco
1 citron vert
2 bananes
1 mangue
1 petit morceau de gingembre confit
4 cuil. à soupe de sucre roux
1 cuil. à soupe de noix de coco râpée
Quelques feuilles de menthe

1. À l'aide d'un couteau économe, prélevez les zestes du citron vert en essayant de ne pas trop prendre de peau blanche qui apporte de l'amertume. Hachez finement ces zestes. Pelez les bananes et coupez-les en dés. Pelez la mangue, éliminez le noyau et coupez la chair en dés. Réunissez les dés de banane et de mangue dans un bol. Ajoutez les zestes de citron, le gingembre haché et le jus du citron vert. Mélangez délicatement et mettez de côté.

2. Faites bouillir une grande casserole d'eau. Jetez les perles de tapioca en pluie dans l'eau bouillante. Faites-les cuire de 10 à 15 min, puis égouttez-les dans une passoire. Refroidissez- les aussitôt en versant de l'eau froide par-dessus. Égouttez soigneusement.

3. Répartissez les mangues, les bananes et leur jus dans des bols de service. Déposez les perles de tapioca cuites par-dessus, sans mélanger, en essayant de juste recouvrir les fruits. Versez délicatement le lait de coco froid. Décorez de sucre, de noix de coco râpée et de menthe finement hachée. Servez frais.

CONSEILS

Ne faites pas cuire les perles de tapioca trop longtemps, sinon elles se gorgent d'eau et perdent toute saveur. Vous pouvez agrémenter ce dessert de quelques fruits rouges.

CRYSTALLIZED
Ginger
GEKONFIJTE
GEMBER
NET WT. 6 O

BEIGNETS DE FRUITS

Pour 4 personnes / 25 min de préparation / Quelques minutes de cuisson

Ingrédients
2 œufs
40 cl de lait
350 g de farine de riz
2 bananes
2 pommes
1 citron
2 litres d'huile végétale pour la friture
Sucre en poudre

Matériel
Friteuse ou casserole
Papier absorbant

1. Dans un saladier, mélangez les œufs, le lait et la farine de riz afin d'obtenir une pâte lisse et sans grumeaux. Laissez-la reposer quelques minutes.

2. Pendant ce temps, pelez les bananes et les pommes. Citronnez ces fruits afin qu'ils ne noircissent pas. Épépinez les pommes, coupez les fruits en tranches d'un petit centimètre d'épaisseur.

3. Faites chauffer l'huile de friture à 160 °C (vérifiez avec un thermomètre si vous en avez un). Trempez quelques tranches de fruits dans la pâte, égouttez-les avec une fourchette par exemple, puis plongez-les dans l'huile chaude. Laissez cuire 1 min environ, retournez les beignets, laissez-les frire encore un peu puis égouttez-les. Déposez-les sur du papier absorbant au fur et à mesure. Sucrez-les et servez-les bien chauds.

VARIANTES

Préparez aussi des beignets d'ananas et même de mangue. Pour la pâte, vous pouvez remplacer environ un tiers du lait par autant de lait de coco.

HOTTEOK (CRÊPES AUX AMANDES)

Pour 4 à 6 personnes / 40 min de préparation / 10 min de cuisson / 2 à 3 h de réfrigération

Ingrédients

Pour la pâte

250 g de farine
2 œufs
8 cl de lait
20 g de sucre en poudre
10 g de levure de boulanger
25 g d'huile végétale
1 pincée de sel

Pour le fourrage

60 g de sucre roux
80 g d'amandes en poudre
40 g d'huile végétale

Pour la cuisson

Huile végétale

1. Versez la farine dans un saladier. D'autre part, battez ensemble les œufs, le lait, le sucre, la levure, l'huile et le sel. Ajoutez cette préparation à la farine puis mélangez afin d'obtenir une pâte assez souple. Laissez-la reposer dans le réfrigérateur pendant 2 à 3 h.

2. Préparez le fourrage : dans un bol, assemblez le sucre roux, les amandes en poudre et l'huile.

3. Avec vos mains, roulez la pâte froide en un cylindre de 50 à 55 cm de long, découpez-le en 10 à 12 sections. Farinez le plan de travail. Prenez une section de pâte, étalez-la un peu, déposez du fourrage, refermez la boule sur elle-même afin d'emprisonner le fourrage.

4. Étalez délicatement les boules de pâte afin d'obtenir des cercles ressemblant à des petits blinis de 8 à 9 cm de diamètre. Faites chauffer une poêle avec un peu d'huile, puis faites cuire les hotteok à feu très, très doux, pendant 8 à 10 min, en les retournant une ou deux fois. Dégustez chaud.

CONSEIL

Si vous n'emprisonnez pas hermétiquement le fourrage dans les boules de pâte, il s'en échappera au cours de la cuisson. Soyez donc vigilant.

MEETHI LASSI

Pour 4 personnes / 5 min de préparation

Ingrédients

Pour la base

8 pots de yaourt nature
12 cuil. à café de sucre
4 glaçons
1 pincée de cardamome

Parfums

Nature, ou sucré avec ½ betterave, ½ avocat, 1 cuil. à soupe d'eau de rose, ½ tomate

Matériel

Blendeur (ou mixeur)

1. Videz tous les pots de yaourt nature dans le bol du mixeur. Ajoutez le sucre et mixez le tout.

2. Ajoutez les ingrédients ou les parfums de votre choix et mixez pendant 10 à 15 s.

3. Servez votre lassi bien froid.

CONSEIL

Pour varier les parfums de lassis, ajoutez 1 cuil. à soupe de sirop de rose par verre ou une pincée de poudre de cardamome verte.

BESAN LADOOS (MIGNARDISES À BASE DE FARINE DE POIS CHICHES)

Pour 4 personnes / 10 min de préparation / 10 min de cuisson

Ingrédients

75 g de ghee (beurre clarifié)
210 g de farine de pois chiches sans grumeaux
125 g de sucre (ou un peu plus selon votre goût)
1 cuil. à café de cardamome verte en poudre
1 poignée d'amandes, de noix de cajou et de pistaches effilées

1. Faites chauffer le ghee dans une poêle et faites-y dorer la farine de pois chiches sur un feu moyen en remuant constamment.

2. Dès que la couleur change et que l'arôme envahit la maison, éteignez le feu.

3. Versez ensuite le sucre, la cardamome et les fruits secs. Réalisez de petites boules lorsque le mélange est encore bien tiède.

VARIANTE

Vous pouvez faire la même recette avec de la farine semi-complète ; ces ladoos s'appellent des « Pinnis du Pendjab ». On les réalise surtout en hiver.

KAJU KATLI (LOSANGES DE NOIX DE CAJOU)

Pour 4 personnes / 10 min de préparation / 10 min de cuisson

Ingrédients
10 cl d'eau
100 g de sucre
180 g de noix de cajou nature en poudre
1 cuil. à café de cardamome verte en poudre
½ cuil. à café d'huile

1. Faites bouillir l'eau et le sucre dans une poêle.

2. Une fois que l'eau et le sucre sont bien mélangés et commencent à épaissir, versez la poudre de noix de cajou. Continuez à remuer même après l'évaporation de l'eau.

3. Ôtez du feu dès que la pâte se détache de la surface de la poêle. Ajoutez la cardamome et mélangez bien.

4. Huilez une assiette avant d'étaler la pâte cuite et coupez en losanges, en carrés.

CONSEIL

Cette mignardise peut se conserver pendant plusieurs semaines dans le réfrigérateur.

KULFI (GLACE INDIENNE)

10 min de préparation / 20 min de cuisson / 8 h de repos

Ingrédients

1 l de lait demi-écrémé ou entier
4 à 5 cuil. à soupe de sucre
2 cuil. à soupe d'amandes effilées
2 cuil. à soupe de pistaches effilées
1 cuil. à café de cardamome verte en poudre
1 bonne pincée de safran

Facultatif

4 cuil. à soupe de crème épaisse

1. Dans une grande casserole à fond épais, mettez 1 l de lait à bouillir.

2. Une fois le lait à ébullition, baissez le feu et laissez cuire, en remuant souvent, jusqu'à ce qu'il ait réduit de moitié.

3. Remuez constamment pour éviter que le lait n'accroche au fond de la casserole.

4. Ajoutez tous les autres ingrédients et laissez encore quelques minutes sur le feu.

5. Enlevez du feu et ajoutez la crème. Dès que le liquide est tiède, versez la préparation dans un récipient en métal ou en plastique en forme de cône et mettez-le à congeler.

6. Après 2 h de repos, sortez du congélateur, remuez avec un fouet ou une fourchette puis remettez à congeler.

7. Deux heures après, répétez l'étape précédente avant de bien congeler le kulfi pendant au moins 4 h avant de le manger.

VARIANTE

Version rapide : mixez 250 g de lait concentré sucré, 40 cl de crème fraîche, 1 poignée d'amandes et de pistaches nature, 2 gousses de cardamome verte (ou 1 cuil. à café de cardamome verte en poudre). Aromatisez avec un parfum de votre choix (safran, coulis de mangue alphonso, noix de coco, ananas, avocat, chocolat, etc.) et congelez.

SPICY BROWN
MUSTARD
HOT

4. AMÉRIQUE DU NORD

BURGER CLASSIQUE

Pour 4 personnes / 20 min de préparation / 10 min de cuisson

Ingrédients

4 pains à burger maison
500 g de viande de bœuf hachée
1 tomate cœur-de-bœuf
1 oignon rouge
8 tranches fines de bacon
4 tranches de cheddar
Salade type batavia, iceberg
1 noisette de beurre
Sel, poivre

1. Divisez la viande hachée en 4 morceaux égaux, formez des boules et aplatissez-les légèrement afin de former les steaks. Réservez au frais.

2. Lavez et coupez la tomate et l'oignon rouge en rondelles. Faites griller les tranches de bacon jusqu'à ce qu'elles soient légèrement croustillantes et réservez au chaud.

3. Dans une poêle bien chaude faites cuire les steaks 5 min de chaque côté avec la noisette de beurre.

4. Coupez les pains à burger en deux, passez-les 2 à 3 min sous le gril du four puis préparez votre burger.

5. Couvrez la moitié inférieure des pains avec les feuilles de salade, les rondelles de tomate, le steak haché, une tranche de cheddar, le bacon et l'oignon rouge. Refermez les pains. Servez aussitôt avec du ketchup ou de la sauce barbecue.

VARIANTE

Préparez un chicken burger avec du poulet croustillant ou grillé.

HOT DOG

Pour 4 personnes / 20 min de préparation / 15 min de cuisson

Ingrédients

4 pains maison
4 saucisses de Francfort
1 oignon
2 cuil. à soupe d'huile d'olive
4 cuil. à café de paprika
200 g de choucroute cuite
Moutarde
Ketchup
Sel

1. Dans une poêle bien chaude, faites revenir sur feu vif l'oignon coupé en petits dés 5 min avec un filet d'huile d'olive, jusqu'à ce qu'il soit doré.

2. Préchauffez le gril du four. Ébouillantez les saucisses 2 à 3 min puis égouttez-les.

3. Ouvrez les petits pains dans la longueur (sans les couper complètement) et passez-les rapidement sous le gril du four.

4. Faites revenir la choucroute dans une poêle 5 min et réservez au chaud.

5. Déposez une saucisse dans chaque pain, ajoutez les dés d'oignon, de la moutarde, du ketchup et saupoudrez de 1 cuil. à café de paprika. Garnissez de choucroute et servez immédiatement.

SABRETT
SPICY BROWN MUSTARD
HOT DOG

BAGEL AU SAUMON ET CONCOMBRE

Pour 4 personnes / 15 min de préparation / 2 min de cuisson

Ingrédients

4 pains à bagels
4 tranches de saumon fumé
1 concombre
150 g de fromage frais (type Philadelphia)
10 brins de ciboulette
Poivre

1. Coupez les pains à bagels en deux dans l'épaisseur et faites-les toaster. Lavez le concombre et coupez-le finement en rondelles. Ciselez la ciboulette et mélangez-la avec le fromage frais ; poivrez.

2. Tartinez généreusement chaque face de pain avec le fromage frais puis déposez plusieurs rondelles de concombre et 1 tranche de saumon. Refermez les bagels avec l'autre partie de pain.

3. Coupez-les en deux et dégustez aussitôt.

CONSEIL

Si vous disposez d'une mandoline, utilisez-la pour tailler le concombre en fines rondelles.

SUNDAE CLASSIQUE À DÉCLINER

Pour 4 personnes / 20 min de préparation / 20 à 30 min de turbinage / 5 min de cuisson

Ingrédients

30 cl de crème liquide
40 cl de lait entier
150 g de sucre glace
1 cuil. à soupe d'arôme de vanille liquide
30 g de cassonade
50 g de cacahuètes non salées
Coulis de votre choix

Matériel

Sorbetière
Saladier
Poche à douille
4 coupelles

1. Si vous possédez une sorbetière à accumulation de froid, n'oubliez pas de placer le bac au congélateur 15 h avant de l'utiliser. Si vous disposez d'une machine à turbine, vous pouvez l'utiliser directement.

2. Dans un saladier, mélangez la crème, le lait, le sucre glace et la vanille. Versez cette préparation dans votre machine à glace et faites turbiner 20 à 30 min.

3. Pendant ce temps, hachez les cacahuètes et faites-les revenir dans une poêle à sec ; saupoudrez de cassonade et laissez le tout caraméliser doucement. Lorsque les morceaux de cacahuètes sont bien caramélisés, réservez-les.

4. Versez la glace obtenue dans une poche à douille cannelée et répartissez-la dans 4 coupelles. Arrosez avec le coulis de votre choix – selon votre goût et les saisons – et parsemez de cacahuètes caramélisées.

CUPCAKES AUX PÉPITES DE CHOCOLAT

Pour 6 cupcakes / 25 min de préparation / 20 à 25 min de cuisson / 30 min de repos

Ingrédients

Pour la pâte

50 g de yaourt nature
120 g de sucre
1 gros œuf
80 g de farine
5 g de levure chimique (1/2 sachet)
4 cl d'huile (tournesol, arachide)
80 g de chocolat noir

Pour le « topping »

4 cuil. à soupe de sucre glace
1 cuil. à soupe de jus d'orange
Chocolat noir

Matériel

Poche à douille
6 moules à cupcakes

1. Préchauffez le four à 180 °C (th. 6). Dans un saladier, assemblez le yaourt, le sucre et l'œuf.

2. Mélangez avec un fouet quelques instants. Ajoutez la farine et la levure chimique, mélangez à nouveau avec le fouet pour incorporer complètement les ingrédients. Versez l'huile, mélangez encore pour obtenir une pâte parfaitement homogène. Ajoutez le chocolat noir concassé en morceaux avec un couteau.

3. Déposez les moules sur une plaque de cuisson.

4. Versez et répartissez équitablement la pâte dans les moules. Enfournez pour 20 à 25 min de cuisson.

5. Sortez du four, laissez refroidir un moment, démoulez les cupcakes. Ils doivent être complètement froids avant d'être décorés.

6. Préparez le « topping » : dans un bol, mélangez le sucre glace et le jus d'orange. Placez le « topping » dans la poche à douille et décorez les cupcakes à votre goût. Déposez quelques éclats de chocolat noir sur le « topping ».

CHEESECAKE

Pour 8 à 10 personnes / 20 min de préparation / 24 h de repos / 1 h 30 de cuisson

Ingrédients

Pour la base biscuitée

200 g de biscuits type petit-beurre
100 g de beurre
1 cuil. à soupe de sucre

Pour la garniture

800 g de fromage frais (Philadelphia ou St Môret)
150 g de sucre semoule
30 g de farine
4 œufs
60 g de crème fraîche
1 cuil. à soupe de zeste de citron
1 cuil. à café d'extrait de vanille

Pour le glaçage

25 cl de crème liquide
30 g de sucre
1 cuil. à café d'extrait de vanille

Matériel

Moule à charnière

1. Réduisez en miettes les biscuits et faites fondre le beurre à feu doux. Dans un saladier, mélangez les miettes de biscuits avec le beurre et le sucre. Versez la préparation sur le fond du moule tapissé de papier cuisson. Appuyez à l'aide d'une cuillère à soupe de façon à obtenir une base homogène. Placez au frais.

2. Préchauffez le four à 180 °C (th. 6). Dans un saladier, fouettez vivement le fromage avec le sucre et la farine. Incorporez un par un les œufs tout en remuant. Ajoutez la crème fraîche, le zeste de citron et l'extrait de vanille. Mélangez bien le tout. Versez la préparation sur la base biscuitée. Enfournez 15 min, puis baissez la température du four à 120 °C (th. 4) et poursuivez la cuisson 1 h jusqu'à ce que la consistance soit ferme. Le centre du gâteau est un peu humide et tremblotant.

3. Pendant ce temps, dans un petit bol, mélangez la crème, le sucre et l'extrait de vanille. Étalez le glaçage sur le gâteau chaud et remettez au four à 120 °C (th. 4) pour faire cuire 15 min de plus. Laissez refroidir sans ouvrir la porte du four pour éviter que le cheesecake ne craquèle. Laissez-le reposer minimum 6 h (l'idéal étant 24 h).

VARIANTE

Préparez un cheesecake régressif en remplaçant les petits-beurre par des Oreo®, et décorez-le avec ces biscuits.

TRIBECA

5. AMÉRIQUE DU SUD

EMPANADAS DE ATUN (CHAUSSONS AU THON)

Pour 4 personnes / 35 min de préparation / 40 min de cuisson

Ingrédients

2 oignons
20 cl de purée de tomates en conserve
2 feuilles de laurier frais
Quelques feuilles d'origan frais
400 g de thon en conserve
3 œufs durs
3 pincées de piment en poudre
1 cuil. à café de sucre en poudre
2 pâtes feuilletées
1 jaune d'œuf
Un peu de lait
3 cuil à soupe d'huile d'olive
Sel, poivre du moulin

Matériel

Pinceau alimentaire (facultatif)

1. Pelez les oignons et taillez-les en tranches fines. Dans une sauteuse, faites chauffer l'huile d'olive, puis faites-y suer les oignons. Ajoutez la purée de tomates, les feuilles de laurier et les feuilles d'origan ciselées. Laissez mijoter à feu doux pendant 10 à 15 min en remuant régulièrement. Au terme de la cuisson, retirez du feu et versez la moitié de la préparation dans un bol.

2. Mélangez doucement le thon écrasé en miettes à la sauce restante dans la casserole. Réincorporez peu à peu du mélange mis de côté jusqu'à obtention de la consistance d'une farce. Ôtez du feu et laissez refroidir.

3. Écrasez les œufs durs à la fourchette dans un bol, puis incorporez-les à la préparation. Mélangez bien. Ajoutez le piment et le sucre, puis salez et poivrez à votre goût.

4. Préchauffez le four à 160 °C (th. 5-6). Découpez des cercles de 10 à 12 cm de diamètre dans les pâtes feuilletées. Garnissez-les de farce et refermez les disques en formant des chaussons. Badigeonnez-les ensuite de jaune d'œuf mélangé à un peu de lait, puis enfournez pour 20 min de cuisson. Vous pouvez également faire frire les chaussons.

CONSEIL

À la première étape de la recette, l'huile ne doit pas être trop chaude pour que les oignons ne grillent pas.

MATAMBRE

Pour 4 personnes / 30 min de préparation / 4 h de marinade / 1 h de cuisson

Ingrédients

1 gousse d'ail
400 g de tranches fines de bavette de bœuf
5 cl de vinaigre de vin
3 branches de thym
4 œufs
1 oignon
200 g de carottes
Quelques brins de persil plat
300 g de feuilles d'épinard
40 cl de bouillon de bœuf ou de volaille
Sel, poivre du moulin

Matériel

Film alimentaire
Ficelle de cuisine

1. Épluchez l'ail et écrasez-le. Mettez les tranches de bœuf dans un plat creux et arrosez-les de vinaigre. Ajoutez l'ail et le thym, puis poivrez. Recouvrez le film alimentaire et laissez mariner au frais pendant 4 h.

2. Plongez 10 min les œufs dans une casserole d'eau bouillante. Rincez ceux-ci sous l'eau froide, puis écalez-les (ôtez les coquilles) et coupez-les en fines rondelles.

3. Épluchez l'oignon et les carottes. Émincez l'oignon et coupez les carottes en fines rondelles. Hachez le persil.

4. Préchauffez le four à 210 °C (th. 7). Sortez la viande du réfrigérateur et épongez-la avec du papier absorbant. Déposez les tranches de viande les unes au bout des autres sur un plan de travail ou une planche, puis aplatissez-les dans le sens de la longueur à l'aide d'un rouleau à pâtisserie. Étalez par-dessus une couche de feuilles d'épinard, puis une couche de rondelles de carotte et une couche de rondelles d'œuf. Parsemez d'oignon et de persil, puis salez et poivrez.

5. Roulez la viande sur elle-même en la serrant bien. Ficelez-la comme un rôti ou une paupiette, puis placez-la dans un plat creux allant au four. Versez le bouillon de bœuf ou de volaille par-dessus, puis recouvrez d'une feuille de papier d'aluminium.

6. Enfournez pour 45 min de cuisson, en retournant la viande à mi-cuisson. Servez chaud.

RANGA (SOUPE TRADITIONNELLE BOLIVIENNE)

Pour 4 personnes / 45 min de préparation / 50 min de cuisson

Ingrédients
1 kg de panse de bœuf ou 800 g de tripes cuites
6 poivrons jaunes
6 pommes de terre
3 gousses d'ail
1 cuil. à café de poivre en grains
1 cuil. à café de graines de cumin
1 oignon
2 tomates
Quelques brins de persil
1 cuil. à soupe d'huile d'arachide
Sel

Matériel
Pilon et mortier

1. Versez 1,5 l d'eau dans un autocuiseur, salez et faites chauffer. Plongez-y la panse de bœuf et fermez l'autocuiseur. Comptez 30 min de cuisson à partir du sifflement de la soupape. Laissez ensuite la vapeur s'échapper et ouvrez l'autocuiseur. Sortez la panse de bœuf, égouttez-la et épongez-la, puis taillez-la en tranches très fines. Mettez de côté.

2. Préchauffez le four en position gril. Faites griller les poivrons dans le four jusqu'à ce que leur peau noircisse, puis placez-les dans un sac en plastique pendant quelques minutes. Lorsqu'ils sont suffisamment froids pour être manipulables, ôtez la peau et épépinez-les.

3. Portez une casserole d'eau salée à ébullition, puis plongez-y les pommes de terre non épluchées et faites-les cuire environ 20 min, puis égouttez-les.

4. Épluchez l'ail et émincez-le. Dans un mortier, écrasez l'ail au pilon avec les grains de poivre et les graines de cumin. Faites revenir cette pâte dans une poêle avec l'huile d'arachide et mélangez bien. Ajoutez petit à petit 6 louches de bouillon de bœuf tout en mélangeant. Laissez réduire pendant 10 min.

5. Épluchez l'oignon. Taillez l'oignon et les tomates en petits cubes. Mélangez-les.

6. Présentez la viande dans un plat et entourez-la de pommes de terre, de poivrons et de tomates. Versez la sauce par-dessus et parsemez de persil haché.

CONSEIL

Demandez à votre boucher de dégraisser la panse et d'en ôter les aspérités.

EMPANADAS DE SALTEÑA (CHAUSSONS DE SALTEÑA)

Pour 4 personnes / 30 min de préparation / 1 nuit de repos / 35 min de cuisson

Ingrédients
7 oignons
3 gousses d'ail
200 g d'olives noires
500 g de viande de bœuf hachée
Un peu d'origan
Quelques pincées de quatre-épices
300 g de raisins secs
3 œufs
1 pincée de sucre en poudre
3 cuil. à soupe d'huile d'olive
Sel, poivre du moulin

La pâte
500 g de farine
12 g de beurre demi-sel fondu
1 pincée de sel
1 œuf entier (facultatif)
1 jaune d'œuf

Matériel
Pinceau alimentaire

1. Préparez la farce. Pour cela, épluchez et émincez finement les oignons. Pelez et hachez les gousses d'ail. Dénoyautez les olives. Dans un saladier, mélangez la viande avec l'ail, les olives, l'origan et le quatre-épices.

2. Dans une sauteuse, faites cuire les oignons en versant petit à petit 8 cl d'eau tout en remuant. Laissez cuire pendant 30 min, jusqu'à ce que les oignons soient translucides. Égouttez ensuite les oignons dans la passoire ou placez-les dans un chiffon pour les essorer.

3. Versez l'huile dans la sauteuse et faites-la légèrement chauffer. Ajoutez la viande et faites-la cuire pendant 5 min tout en remuant afin qu'elle ne brûle pas. Ajoutez les raisins, les œufs et le sucre. Salez et poivrez. Si la viande devient trop sèche, ajoutez éventuellement 1 cuil. à soupe de l'eau des oignons et mélangez. Mélangez ensuite la viande aux oignons. Laissez reposer toute une nuit au frais.

4. Le lendemain, préparez la pâte à chausson. Découpez des cercles de 10 à 12 cm de diamètre dans la pâte. Garnissez-les de farce et refermez les disques en formant des chaussons. Préchauffez le four à 160 °C (th. 5-6) et badigeonnez les chaussons de jaune d'œuf. Enfournez pour au moins 20 min de cuisson.

SALADE PÉRUVIENNE

Pour 6 personnes / 15 min de préparation / 20 min de cuisson

Ingrédients
6 pommes de terre à chair ferme
1 petit piment rouge
3 tomates
3 avocats
Le jus de 2 citrons
200 g de gouda
1 cuil. à soupe d'olives noires dénoyautées
2 grenades
2 fruits de la Passion
2 cuil. à soupe d'huile d'olive
1 cuil. à soupe de noix de pécan concassées
450 g de maïs en conserve non égoutté (ou congelé)
Sel

1. Plongez les pommes de terre dans une grande casserole d'eau bouillante salée, puis faites-les blanchir 15 à 20 min. Égouttez, puis pelez les pommes de terre. Faites blanchir le piment dans une petite casserole d'eau bouillante pendant quelques minutes, puis épépinez-le et émincez-le.

2. Incisez la base des tomates en croix et plongez-les quelques secondes dans de l'eau bouillante, puis égouttez-les et pelez-les. Taillez-les ensuite en dés.

3. Pelez les avocats, coupez-les dans le sens de la longueur et retirez les noyaux. Taillez-les ensuite en lamelles et arrosez-les du jus de 1 citron. Coupez le fromage en petits dés et taillez les olives en quatre.

4. Au-dessus d'un bol, pressez les grenades pour en extraire le jus et coupez en deux les fruits de la Passion pour en récupérer la pulpe. Ajoutez le piment et arrosez du jus de citron restant. Versez l'huile d'olive et mélangez.

5. Dans un saladier, mélangez les grains de maïs égouttés, les pommes de terre coupées en cubes, les tomates, le fromage, les olives et les noix de pécan. Disposez les lamelles d'avocat sur la salade en les faisant se chevaucher, puis arrosez de sauce.

CONSEIL

Si vous en trouvez, ajoutez à la salade 1 lucuma et 1 chirimoya (fruits typiques du Pérou) coupés en cubes.

CEVICHE DE SEICHE ET GAMBAS AU GINGEMBRE

Pour 6 personnes / 30 min de préparation / 3 h de marinade

Ingrédients

1 l de fumet de poisson
18 gambas fraîches
2 tomates
1 oignon
1 petit piment rouge
1 morceau de gingembre frais
Le jus de 5 citrons verts
Le jus de 2 oranges (facultatif)
600 g de seiche
Quelques brins de coriandre
Sel, poivre du moulin

Matériel

Film alimentaire
6 cercles à pâtisserie ou emporte-pièce à bords hauts

1. Portez le fumet de poisson à ébullition dans une casserole, puis plongez-y les gambas pendant 3 min. Ôtez-les ensuite du feu et rincez-les. Mettez de côté au frais.

2. Incisez la base des tomates en croix et plongez-les quelques secondes dans de l'eau bouillante, puis égouttez-les et pelez-les (mondez-les). Épépinez-les et taillez-les ensuite en petits dés. Épluchez l'oignon et hachez-le.

3. Épépinez et émincez finement le piment. Pelez et émincez également le gingembre. Mélangez-les dans un bol avec le jus des agrumes. Assaisonnez si besoin.

4. Coupez la seiche en petits dés et mettez-les dans un saladier. Ajoutez les tomates et l'oignon, puis arrosez du jus des agrumes. Mélangez délicatement. Recouvrez de film alimentaire et placez au réfrigérateur pendant 3 h.

5. Décortiquez les gambas tout en gardant les têtes. Sortez la seiche marinée du réfrigérateur et ajoutez la coriandre. Garnissez de ce mélange les cercles ou emporte-pièce. Appuyez dessus à l'aide d'une spatule pour en faire ressortir le jus. Posez sur des assiettes de service, puis ôtez les cercles ou emporte-pièce et décorez avec les gambas.

VARIANTE

Vous pouvez remplacer la seiche par de la lotte.

CONSEIL

Demandez à votre poissonnier d'enlever la fine peau de la seiche.

CANJA

Pour 4 personnes / 20 min de préparation / 1 h 30 de cuisson

Ingrédients

1 oignon
1 carotte
1 tomate
1,5 kg de chair de poulet (sans peau)
1,5 l de bouillon de volaille
100 g de lardons
4 cuil. à soupe de riz blanc long
1 petit bouquet de persil plat
Sel, poivre du moulin

Matériel

Passoire
Écumoire

1. Pelez et hachez l'oignon. Épluchez la carotte et coupez-la en petits morceaux. Pelez la tomate (plongez-la préalablement quelques secondes dans une casserole d'eau bouillante pour vous faciliter la tâche), puis concassez-la.

2. Dans une grande casserole, assemblez le poulet, l'oignon et le bouillon de volaille. Portez à ébullition et couvrez. Laissez mijoter à feu doux jusqu'à ce que le poulet soit cuit, soit environ 45 min.

3. Ôtez le poulet de la casserole, puis filtrez le bouillon au-dessus d'un saladier à l'aide de la passoire. Retirez autant de gras que possible en écumant la surface. Réservez et laissez refroidir.

4. Remettez la casserole sur feu moyen, puis faites-y revenir les lardons. Attention à ne pas les faire brunir. Ôtez le gras des lardons, puis reversez le bouillon dans la casserole. Ajoutez le riz et la carotte. Salez et poivrez, puis laissez mijoter pendant 20 min à feu doux. Incorporez les dés de tomate quelques minutes avant la fin de la cuisson. Le riz doit être tendre et savoureux.

5. Taillez le poulet en lamelles de 3 à 5 cm de longueur, puis mettez-les dans la soupe et poursuivez la cuisson jusqu'à ce que le poulet soit chaud. Ajoutez le persil haché et servez.

VATAPÁ (NORDESTE)

Pour 4 personnes / 1 h 30 de préparation / 20 min de cuisson

Ingrédients

1 oignon
5 tomates
1 kg de filets du poisson de votre choix
3 cuil. à soupe de feuilles de coriandre hachées
Le jus de 2 citrons
200 g de noix de cajou
200 g de cacahuètes grillées
10 g de crevettes séchées
2 cm de gingembre frais
4 tranches de pain de mie sans la croûte
30 cl de lait de coco
20 crevettes crues
1 piment
2 bananes
1 cuil. à soupe de farine de manioc
1 cuil. à soupe d'huile d'olive

Matériel

Mixeur

1. Pelez l'oignon et taillez-le en rondelles. Coupez également les tomates en rondelles (gardez-en 2 pour la suite de la recette). Dans une cocotte, déposez les filets de poisson, puis recouvrez-les d'une couche de rondelles d'oignon, puis de rondelles de tomate. Parsemez de coriandre. Arrosez de jus de citron et versez l'huile. Faites cuire pendant 20 à 30 min à couvert et à feu doux. Versez un peu d'eau sur le couvercle de la cocotte.

2. Pendant ce temps, mixez les noix de cajou avec les cacahuètes, les crevettes séchées, le gingembre émincé, les tranches de pain de mie et quelques cuillerées du bouillon de cuisson du poisson. Mouillez avec le lait de coco. Ajoutez ce mélange dans la cocotte.

3. Décortiquez les crevettes, puis faites-les dorer à la poêle dans l'huile d'olive avec les tomates restantes et le piment émincé.

4. Dans un bol, écrasez la chair des bananes à la fourchette en ajoutant un peu de farine de manioc et de jus de cuisson du poisson afin d'obtenir une purée très épaisse et onctueuse.

5. Servez le poisson au lait de coco avec les crevettes et la crème de banane dans des assiettes de service.

POULET AU LAIT DE COCO

Pour 4 personnes / 20 min de préparation / 40 min de cuisson

Ingrédients
1 cuil. à café de cumin moulu, de poivre de Cayenne moulu, de curcuma, et de coriandre moulue
4 filets de poulet
1 oignon
2 piments verts
2 gousses d'ail
3 tomates
1 cuil. à soupe de gingembre frais râpé
40 cl de lait de coco léger en conserve
1 bouquet de coriandre
2 cuil. à soupe d'huile d'olive
Sel, poivre du moulin

1. Dans un saladier, mélangez le cumin, le poivre de Cayenne, le curcuma et la coriandre. Ajoutez les morceaux de poulet, salez et poivrez. Enduisez bien le poulet d'épices.

2. Faites chauffer 1 cuil. à soupe d'huile dans une poêle à feu moyen, puis faites-y cuire le poulet pendant 10 à 15 min. Ôtez ensuite du feu et réservez.

3. Épluchez l'oignon et hachez-le. Épépinez les piments et coupez-les en dés. Pelez et émincez les gousses d'ail. Épépinez et concassez les tomates.

4. Faites chauffer le reste de l'huile d'olive dans la poêle, puis faites-y revenir l'oignon, le gingembre, les piments et l'ail pendant 5 min, jusqu'à ce que ces derniers soient tendres. Ajoutez les tomates et poursuivez la cuisson pendant 5 à 8 min. Versez le lait de coco et laissez mijoter encore 5 min.

5. Ajoutez le poulet en fin de cuisson pour le réchauffer. Décorez avec la coriandre fraîche ciselée et servez.

PURÉE DE HARICOTS ROUGES

Pour 4 personnes / 30 min de préparation / 1 nuit de trempage / 1 h 20 de cuisson

Ingrédients

200 g de haricots coco roses secs
2 feuilles de laurier frais
1 gousse d'ail
1 petit oignon
30 g de beurre
2 ou 3 cuil. à soupe rases de semoule de manioc
Quelques brins de persil plat ou de cerfeuil
3 cuil. à soupe d'huile de tournesol
Sel, poivre du moulin

1. Faites tremper toute une nuit les haricots dans un saladier d'eau froide. Le lendemain, égouttez-les et mettez-les dans une cocotte. Ajoutez les feuilles de laurier. Versez 75 cl d'eau et portez à ébullition. Couvrez et laissez cuire à feu moyen pendant au moins 1 h.

2. Au terme de la cuisson, ouvrez la cocotte et ajoutez-y 50 cl d'eau. Faites réduire pendant 10 min afin que la préparation épaississe. Attention à ne pas la brûler. Salez et poivrez, puis mettez de côté.

3. Pelez l'ail et l'oignon. Hachez l'ail et émincez l'oignon. Faites chauffer l'huile et le beurre dans une casserole, puis faites-y blondir l'ail et l'oignon. Ajoutez-les ensuite dans la cocotte. Mettez celle-ci sur feu doux et incorporez petit à petit la semoule en remuant doucement à l'aide d'une cuillère en bois, comme si vous prépariez une sauce Béchamel.

4. Parsemez de persil plat ou de cerfeuil et servez aussitôt dans un plat creux.

CHILI AUX COURGETTES

Pour 4 personnes / 30 min de préparation / 25 min de cuisson

Ingrédients
1 oignon rouge
1 gousse d'ail
1 carotte
40 cl de bouillon de légumes
200 g de haricots rouges
1 cuil. à café de paprika
2 petites courgettes
10 feuilles de menthe fraîche
2 cuil. à soupe de noix de coco fraîche râpée
150 g de semoule de maïs
200 g de lait de riz nature
1 cuil. à soupe d'huile d'olive
Sel, poivre du moulin

Matériel
Panier vapeur

1. Pelez l'oignon et l'ail. Taillez l'oignon en julienne (fins bâtonnets). Écrasez l'ail. Épluchez la carotte et coupez-la en petits cubes. Dans une sauteuse, faites chauffer l'huile d'olive, puis faites-y suer l'oignon et l'ail jusqu'à ce qu'ils soient translucides. Versez le bouillon de légumes, puis ajoutez les haricots rouges, la carotte et le paprika. Portez à ébullition, puis couvrez et laissez mijoter pendant 20 min. Salez et poivrez éventuellement en fin de cuisson.

2. Portez une casserole d'eau à ébullition. Lavez les courgettes puis coupez-les en tranches de 3 mm d'épaisseur. Placez-les dans le panier vapeur au-dessus de la casserole, couvrez et faites-les cuire pendant 5 min. Testez la cuisson des courgettes avec la pointe d'un couteau ; elles doivent être tendres mais encore un peu fermes. Déposez-les à l'aide d'une spatule dans un plat. Ciselez la moitié de la menthe au-dessus des courgettes et parsemez-les de la moitié de la noix de coco râpée.

3. Pendant ce temps, mélangez la semoule de maïs avec le lait de riz dans une casserole placée sur feu doux. Ajoutez peu à peu 30 cl d'eau en mélangeant avec une cuillère en bois. Lorsque la consistance de la « polenta » se rapproche d'une purée onctueuse, ôtez la casserole du feu et conservez au chaud.

4. Servez les haricots rouges avec les courgettes et la « polenta ». Parsemez du reste de menthe et de noix de coco.

CONSEIL

Pour plus de saveurs, vous pouvez ajouter 10 cl de crème de coco à la fin de la cuisson de la « polenta ».

CHARQUICÁN (RAGOÛT DE VIANDES ET DE LÉGUMES)

Pour 4 personnes / 30 min de préparation / 35 min de cuisson

Ingrédients
5 pommes de terre
400 g de potiron
3 carottes
1 oignon
1 gousse d'ail
1 poivron rouge
1 poivron vert
400 g de viande de bœuf
1 cuil. à café de cumin moulu ou de paprika
2 épis de maïs
200 g de feuilles d'épinard ou de blette
1 cuil. à soupe d'huile
Sel, poivre du moulin

1. Épluchez les pommes de terre, le potiron et les carottes. Coupez la moitié des carottes en rondelles et le reste en cubes. Mettez les légumes dans une cocotte et remplissez d'eau à mi-hauteur des légumes. Laissez cuire à couvert pendant 10 min, puis égouttez-les.

2. Pelez l'oignon et l'ail. Émincez l'oignon et écrasez l'ail. Épépinez les poivrons et taillez-les en cubes. Coupez la viande en petits dés.

3. Dans une cocotte, faites chauffer l'huile et faites-y revenir l'oignon jusqu'à ce qu'il soit doré. Ajoutez la viande, l'ail, les poivrons, le cumin ou le paprika. Salez et poivrez, puis laissez cuire pendant 10 min à feu moyen.

4. Ôtez les feuilles des épis de maïs, puis faites cuire ceux-ci dans une casserole d'eau bouillante salée pendant 5 à 7 min. Égrainez les épis et ajoutez les grains dans la cocotte.

5. Portez une casserole d'eau salée à ébullition puis plongez-y les feuilles d'épinard ou de blette pendant quelques minutes afin de les faire cuire. Égouttez-les, puis ajoutez-les dans la cocotte avec tous les autres légumes. Laissez encore mijoter pendant 10 min à feu doux avant de servir.

À SAVOIR

Le charquicán est un ragoût préparé par les Amérindiens Mapuches, considéré au Chili comme le plat national.

CONSEIL

Si vous en trouvez, ajoutez 6 bandes de cochayuyo, une algue noire marine locale qui se consomme plus couramment avec les pâtes.

HUMITAS

Pour 4 personnes / 55 min de préparation / 30 min de cuisson / 1 h de repos

Ingrédients

10 épis de mais frais avec les feuilles
Lait (facultatif)
Farine (facultatif)
1 oignon
3 cuil. à café de beurre
Un peu de piment jaune
Quelques feuilles de basilic (facultatif)
100 g de gruyère, de comté ou d'emmental
1 cuil. à café d'huile d'olive
Sel, poivre du moulin

Matériel

Mixeur
Ficelle de cuisine
Panier vapeur

1. Ôtez avec précaution les feuilles des épis de maïs et conservez-les. Égrainez les épis, puis mixez éventuellement les grains avec un peu de lait s'ils sont trop durs ou avec un peu de farine s'ils sont trop tendres.

2. Épluchez l'oignon et taillez-le en lamelles. Dans une poêle, faites fondre le beurre avec l'huile, puis faites-y revenir l'oignon jusqu'à ce qu'il soit translucide. Ajoutez le piment et éventuellement le basilic, puis faites revenir quelques instants. Incorporez le maïs et mélangez jusqu'à ce que la préparation accroche à la cuillère. Ajoutez le fromage râpé grossièrement et mélangez jusqu'à ce qu'il ait complètement fondu. Salez et poivrez. Ôtez du feu.

3. Plongez les feuilles des épis de maïs pendant quelques instants dans une casserole d'eau bouillante afin de les assouplir.

4. Faites chevaucher 2 feuilles d'épis de maïs en les croisant à partir de la base. Déposez 2 ou 3 cuil. à soupe de farce de maïs au centre, puis repliez les feuilles d'épis de maïs sur la farce et fermez le tout à l'aide de la ficelle de cuisine. Recommencez l'opération avec les ingrédients restants.

5. Portez une casserole d'eau salée à ébullition, puis placez les humitas dans le panier vapeur au-dessus de la casserole (en plaçant la fermeture vers le bas). Couvrez et laissez ainsi cuire les humitas à l'étuvée pendant environ 30 min, selon leur épaisseur.

CONSEIL

Vous pouvez éventuellement ajouter du cumin à la farce de maïs.

POISSON À L'ORANGE

Pour 6 personnes / 30 min de préparation / 30 min de marinade / 25 min de cuisson

Ingrédients

6 filets de poisson de votre choix
1 cuil. à café de gingembre râpé
Le jus de 5 oranges
1 oignon
2 gousses d'ail
6 feuilles de chou
50 g de beurre
1 filet d'huile d'olive
Sel, poivre du moulin

Matériel

Film alimentaire

1. Mettez les filets de poisson à plat dans un grand plat creux. Mélangez dans un bol le gingembre avec le jus des oranges. Arrosez le poisson de ce mélange. Salez et poivrez. Couvrez de film alimentaire et placez au réfrigérateur pendant 30 min. Tournez les filets de poisson de temps en temps.

2. Épluchez l'oignon et l'ail. Coupez l'oignon en lamelles et hachez l'ail. Émincez finement les feuilles de chou.

3. Dans une sauteuse, faites revenir quelques minutes l'oignon et l'ail dans le beurre et l'huile d'olive. Ajoutez le chou et laissez cuire à feu doux pendant 10 min.

4. Égouttez les filets de poisson marinés et ajoutez-les dans la sauteuse. Arrosez de la marinade, puis couvrez la sauteuse et laissez mijoter pendant 15 min. Servez accompagné de riz blanc.

SALADE TROPICALE

Pour 4 personnes / 15 min de préparation / 20 min de cuisson

Ingrédients

20 gambas
1 mangue mûre
1 papaye
1/8e de pastèque
100 g de sucre de canne blond
Le jus de 3 oranges
5 cl de Grand Marnier®

1. Portez une casserole d'eau salée à ébullition, puis plongez-y les gambas pendant quelques minutes. Égouttez-les, rincez-les et laissez-les refroidir.

2. Pelez tous les fruits. Ôtez le noyau de la mangue ainsi que les pépins de la papaye et de la pastèque, puis coupez ces fruits en cubes. Réservez au frais.

3. Versez le sucre dans une casserole et ajoutez 10 cl d'eau. Faites chauffer à feu doux afin de dissoudre le sucre. Laissez réduire de sorte à obtenir un caramel, puis incorporez le jus d'orange. Hors du feu, versez le Grand Marnier® et faites flamber.

4. Décortiquez les gambas et mélangez-les dans un plat avec les fruits. Arrosez de sauce à l'orange, mélangez et servez.

BAR TRADITIONNEL À LA GUYANAISE

Pour 6 personnes / 45 min de préparation / 3 h de marinade / 30 min de cuisson

Ingrédients

1 gros bar ou 2 petits
1 oignon rouge
3 tomates
2 cuil. à soupe de concentré de tomates
15 cl de lait de coco
Le jus de 1 citron vert
Huile d'olive
Sel, poivre du moulin

La marinade

2 gousses d'ail
2 oignons rouges
Le jus de 2 citrons
1 clou de girofle
3 brins de thym
Sel, poivre du moulin

La farce

1 oignon rouge
1 gousse d'ail
3 branches de céleri
70 g de lardons fumés

Matériel

Ficelle de cuisine
Film alimentaire

1. Préparez la marinade. Pelez l'ail et les oignons, puis hachez-les. Mélangez-les dans un plat avec le jus de citron, le clou de girofle, les feuilles de thym et 5 cl d'eau. Salez et poivrez.

2. Rincez et essuyez le bar avec du papier absorbant. Écaillez-le et fendez-lui le ventre avec la lame d'un couteau. Évidez-le, puis rincez l'intérieur et séchez avec du papier absorbant.

3. Préparez la farce. Épluchez l'oignon et l'ail. Hachez-les ainsi que le céleri. Mélangez le tout et ajoutez les lardons préalablement coupés en deux.

4. Remplissez l'intérieur du poisson de farce. Refermez-le à l'aide de la ficelle de cuisine. Posez le poisson dans le plat de marinade et arrosez-le. Recouvrez de film alimentaire puis gardez pendant 3 h au réfrigérateur.

5. Pelez l'oignon. Faites chauffer un filet d'huile dans une cocotte en fonte, puis faites-y dorer l'oignon pendant 5 min. Ajoutez les tomates coupées en morceaux (idéalement préalablement mondées) et le concentré de tomates. Mouillez avec 1 verre d'eau. Déposez le bar dans la cocotte, couvrez puis laissez cuire pendant 30 min. Hors du feu, incorporez le lait de coco et le jus de citron. Salez et poivrez, puis servez.

ACRAS DE MORUE

Pour 4 personnes / 35 min de préparation / 20 min de cuisson

Ingrédients

Lait (facultatif)
150 g de morue
2 gousses d'ail
1 oignon
2 tiges de ciboule
1 pincée de piment en poudre
3 brins de thym
5 brins de persil plat
3 œufs à température ambiante
250 g de farine
½ paquet de levure chimique
Quartiers de citron
Huile d'olive
Sel, poivre du moulin

Matériel

Batteur électrique
Écumoire

1. Remplissez une casserole d'eau citronnée ou de lait, puis plongez-y la morue. Faites chauffer jusqu'à frémissement pour pocher la morue, puis sortez la morue du liquide. Égouttez-la et laissez-la refroidir. Ôtez la peau et les arêtes, puis écrasez la chair à la fourchette dans un saladier.

2. Épluchez l'ail et l'oignon, puis hachez-les. Émincez les tiges de ciboule en fines rondelles. Ajoutez l'ail, l'oignon et le piment dans le saladier contenant la morue. Ajoutez également la ciboule, le thym et le persil ciselé, puis 1 œuf. Mélangez bien.

3. Tamisez la farine et la levure sur la morue et malaxez l'ensemble à la main jusqu'à obtention d'un mélange homogène. Si le mélange vous paraît trop sec, ajoutez un peu d'eau et un filet d'huile d'olive.

4. Séparez les jaunes des blancs des œufs restants. Montez les blancs en neige avec une pincée de sel au batteur électrique (jetez les jaunes ou conservez-les pour une autre recette). Incorporez-les délicatement à la préparation précédente à l'aide d'une spatule. Salez et poivrez.

5. Prélevez des petites quantités de pâte et façonnez-les en boules de 1,5 cm de diamètre. Faites chauffer de l'huile dans une sauteuse. Plongez-y les boules de pâte. Elles doivent crépiter dans l'huile si celle-ci est assez chaude. Sinon, attendez encore un peu. Laissez cuire les accras pendant 5 min ; ils doivent être fermes et dorés. Sortez-les de l'huile avec l'écumoire et égouttez-les sur du papier absorbant avant de servir avec des quartiers de citron en accompagnement.

MILANAISES DE PORC

Pour 4 personnes / 15 min de préparation / 15 min de cuisson

Ingrédients
4 côtes de porc
100 g de farine
2 œufs
50 g de chapelure
50 g de parmesan râpé
Beurre et huile d'olive
Sel, poivre du moulin

1. À l'aide d'un rouleau à pâtisserie, aplatissez les côtes de porc.

2. Dans trois assiettes distinctes, versez respectivement la farine, les œufs et la chapelure mélangée avec le parmesan. Battez légèrement les œufs.

3. Roulez successivement chaque côte de porc dans la farine, les œufs battus puis la chapelure au parmesan.

4. Faites chauffer un peu de beurre et d'huile dans une poêle à feu moyen, puis faites-y cuire les côtes de porc pendant 15 min, en les retournant en cours de cuisson.

CONSEIL

Vous pouvez accompagner ces côtes de porc d'asperges vertes à la mayonnaise ou en vinaigrette.

BOMBES DE BANANE

Pour 4 personnes / 30 min de préparation

Ingrédients

4 petites bananes
Quelques gouttes de jus de citron
Un peu de cannelle moulue (facultatif)
2 cuil à café de confiture de lait
1 cuil. à soupe de cassonade + pour saupoudrer
2 cuil. à soupe de crème liquide bien froide
Quelques copeaux de chocolat

Matériel

Batteur électrique

1. Coupez la tête supérieure des bananes sur 1 cm. Fendez légèrement les bananes sur la longueur pour en extraire la chair à l'aide d'une petite cuillère ou d'un zesteur. Gardez intactes les peaux et arrosez-les de jus de citron pour ne pas qu'elles noircissent.

2. Mettez la chair des bananes dans un bol et écrasez-la à l'aide d'une fourchette afin d'obtenir une purée. Ajoutez éventuellement un peu de cannelle.

3. Étalez de la confiture de lait à l'intérieur des peaux de banane. Garnissez-les de purée de banane et saupoudrez de cassonade.

4. Dans un saladier bien froid, montez la crème liquide en chantilly bien ferme avec la cassonade à l'aide du batteur électrique.

5. Décorez les bananes garnies de crème Chantilly. Parsemez de quelques copeaux de chocolat avant de servir.

CAKE DE NATA

Pour 6 personnes / 20 min de préparation / 40 min de cuisson

Ingrédients

20 cl de crème fraîche épaisse
30 g de sucre en poudre
6 œufs
20 g de farine
10 cl de lait
1 gousse de vanille
Beurre pour le moule

Matériel

Moule à manqué

1. Préchauffez le four à 210 °C (th. 7). Dans un saladier, mélangez longuement la crème avec le sucre jusqu'à obtention d'un mélange homogène et onctueux.

2. Ajoutez les œufs préalablement battus et fouettez jusqu'à ce que le mélange soit mousseux. Incorporez alors la farine tamisée, puis progressivement le lait.

3. Fendez la gousse de vanille dans la longueur et grattez l'intérieur avec la pointe d'un couteau pour en prélever les gaines. Ajoutez-les à la préparation.

4. Versez la pâte dans le moule à manqué beurré et enfournez pour 40 min de cuisson.

CONSEILS

Vous pouvez remplacer la gousse de vanille par 2 cuil. à soupe d'extrait de vanille liquide. Pour vérifier la cuisson du cake, plantez la lame d'un couteau au cœur du gâteau ; elle doit en ressortir propre et sèche.

FLANS À LA PAPAYE

Pour 4 personnes / 15 min de préparation / 30 min de cuisson

Ingrédients

1 grosse papaye
20 g de beurre
+ pour les moules
3 œufs
100 g de sucre de canne blond
40 g de fécule de maïs

Matériel

Mixeur
4 moules ronds individuels ou ramequins

1. Préchauffez le four à 150 °C (th. 5). Pelez la papaye, coupez-la en deux puis ôtez les pépins. Coupez la chair en morceaux grossiers puis mixez-les.

2. Taillez le beurre en morceaux dans un saladier, puis placez-le au-dessus d'une casserole d'eau frémissante afin de le faire fondre doucement au bain-marie.

3. Dans un saladier, fouettez les œufs avec le sucre jusqu'à ce que le mélange blanchisse. Ajoutez le beurre fondu et la purée de papaye. Incorporez progressivement la fécule de maïs.

4. Versez la préparation dans les moules beurrés. Placez-les dans une plaque de cuisson profonde ou un grand plat à bords hauts. Remplissez la plaque ou le plat d'eau, puis enfournez pour 30 min de cuisson au bain-marie.

CONSEILS

Vous pouvez ajouter de la poudre d'amandes ou de la noix de coco râpée à la pâte avant d'enfourner.

SORBET À LA PAPAYE

Pour 6 personnes / 20 min de préparation / 1 h de congélation

Ingrédients
4 papayes
1 ananas
2 bananes
100 g de sucre de canne blond
4 g de farine de caroube
1 l de lait
5 cl de rhum

Matériel
Mixeur

1. Pelez les fruits. Ouvrez les papayes en deux et retirez les pépins. Ôtez les « yeux » de l'ananas, coupez-les en quatre, puis éliminez le « cœur » dur et amer. Taillez tous les fruits en cubes.

2. Mixez les fruits avec le sucre de canne et la farine de caroube. Incorporez progressivement le lait, toujours en mixant, puis le rhum.

3. Versez le sorbet dans un plat métallique et placez-le pendant 1 h au congélateur. Vous pouvez gratter la préparation à la fourchette au bout de 30 min pour éviter la formation de cristaux en surface.

6. CRÉOLE

SALADE DE PAPAYES VERTES

Pour 4 personnes / 10 min de préparation

Ingrédients
800 g de papayes vertes
Le jus de ½ citron vert
1 pincée de sel
1 piment oiseau (facultatif)
Matériel de préparation
Couteau économe

1. Coupez les papayes en deux, épépinez-les et pelez-les à l'aide de l'économe. Faites ensuite de longues lanières de papaye, toujours en vous aidant de l'économe.

2. Déposez les lanières de papaye dans un saladier, arrosez-les du jus de citron vert, ajoutez la pincée de sel et, pour les téméraires, le piment oiseau haché. Mélangez et servez.

CONSEIL

Pas d'huile dans cette salade, comme au temps jadis. Cette salade est simple et délicieuse, et c'est le goût de la papaye qui prime.

BŒUF CRÉOLE

Pour 4 personnes / 30 min de marinade / 20 min de préparation / 2 h 45 de cuisson

Ingrédients

1 kg de bœuf (paleron ou macreuse)
250 g de lard fumé
4 carottes, 4 navets
2 oignons
3 gousses d'ail
300 g de chou vert
1 piment antillais
6 cuil. à soupe d'huile
10 cl de vinaigre de xérès
Sel, poivre

Matériel de préparation

Cocotte
Papier absorbant

1. Découpez la viande en morceaux et mettez-la dans une jatte avec le vinaigre. Salez et poivrez. Mélangez bien et laissez mariner pendant 30 min. Égouttez et essuyez les morceaux de viande avec le papier absorbant.

2. Lavez et pelez les carottes et les navets, coupez ces deux légumes en rondelles. Épluchez les oignons et les gousses d'ail, émincez-les. Lavez et émincez le chou. Retirez la couenne du lard fumé et taillez-le en lardons.

3. Dans la cocotte, faites chauffer à feu vif 3 cuil. à soupe d'huile. Ajoutez la viande et faites dorer les morceaux 5 min en les retournant.

4. Retirez les morceaux de viande de la cocotte et jetez l'huile de cuisson. Versez le reste d'huile, remettez la viande et ajoutez les oignons. Faites revenir à feu doux, pendant 10 min, avant d'ajouter les légumes, l'ail émincé et les lardons. Couvrez la cocotte et laissez mijoter pendant 2 h.

5. Ajoutez à la daube le piment entier et parfaitement intact. Laissez mijoter encore 30 min, retirez le piment. Servez avec un riz aux haricots rouges ou un riz blanc.

RIZ À LA MORUE

Pour 6 personnes / 15 min de préparation / 45 min de cuisson

Ingrédients
600 g de morue salée séchée
300 g de riz rond
300 g de petites bélangères (aubergines)
300 g de tomates
5 cives
1 oignon
2 gousses d'ail
3 branches de thym
3 branches de persil
¼ de piment antillais
4 cuil. à soupe d'huile d'olive
Sel, poivre

Matériel de préparation
Marmite
Passoire
Grande sauteuse

1. Immergez la morue dans une marmite d'eau froide, portez le tout à la limite de l'ébullition. Faites pocher la morue 3 min dans l'eau à peine frémissante ; répétez l'opération deux fois de plus, toujours en partant d'une eau complètement froide, votre morue sera parfaitement dessalée et prête à l'emploi.

2. Débarrassez la morue de sa peau et de ses arêtes, et effeuillez-la sans trop l'émietter ; laissez égoutter dans la passoire posée au-dessus d'un saladier.

3. Lavez le thym et le persil, séchez-les, hachez-les finement. Coupez les tomates en quatre, lavez les aubergines, coupez-les en rondelles et réservez.

4. Pelez l'oignon, les cives et l'ail, et émincez-les finement. Faites chauffer 3 cuil. à soupe d'huile dans la sauteuse et faites revenir le tout, à feu doux, pendant 3 min, en remuant de temps à autre à l'aide d'une cuillère de bois.

5. Ajoutez les légumes, le thym et le persil et faites revenir l'ensemble 5 min de plus. Ajoutez la morue égouttée et le riz, et faites revenir encore de 5 à 7 min en remuant sans cesse.

6. Lorsque le riz est devenu translucide, salez, poivrez, ajoutez le morceau de piment et couvrez le tout de 60 cl d'eau. Amenez à ébullition, puis réduisez le feu et laissez cuire, à feu doux et à couvert, pendant 20 min, jusqu'à ce que l'eau soit complètement absorbée. Servez chaud, arrosé d'un filet d'huile d'olive.

BLANC-MANGER AU COCO

Pour 8 personnes / 15 min de préparation / 12 h de réfrigération

Ingrédients
1 boîte de lait de coco de 40 cl
1 boîte de lait concentré sucré
9 feuilles de gélatine de 2 g
2 gousses de vanille

Matériel de préparation
Casserole
Mixeur

1. Commencez par faire ramollir les feuilles de gélatine en les mettant à tremper 15 min dans un bol d'eau froide.

2. Faites chauffer 40 cl d'eau dans la casserole jusqu'à frémissement, retirez la casserole du feu et ajoutez la gélatine bien essorée. Faites fondre la gélatine complètement dans l'eau.

3. Versez le mélange obtenu dans le bol du robot, ajoutez le lait de coco, le lait concentré et mixez le tout jusqu'à ce que la gélatine soit bien incorporée.

4. Fendez les gousses de vanille en deux et grattez bien l'intérieur pour récupérer toutes les graines. Ajoutez les graines de vanille dans le robot et mixez de nouveau. Versez le mélange dans une jatte et faites prendre au réfrigérateur pendant 12 h.

CONSEILS

Vous pouvez servir ce blanc-manger accompagné d'un coulis de fruits de la Passion ou de mangues.

GLACE À LA GOYAVE

Pour 1 litre de glace / 15 min de préparation / 30 min de congélation

Ingrédients
1,2 kg de goyaves
1 citron vert
150 g de sucre de canne
3 jaunes d'œufs
60 cl de lait entier
60 g de lait en poudre
30 cl de crème fleurette

Matériel de préparation
Fouet électrique
Mixeur
Chinois
Sorbetière

1. Dans la casserole, délayez le lait en poudre avec le lait entier. Portez le tout à ébullition.

2. Dans une jatte, fouettez les jaunes d'œufs avec le sucre jusqu'à ce que le mélange pâlisse. Versez le lait dans la jatte, mélangez bien et reversez le tout dans la casserole. Mettez à cuire, sans cesser de remuer, jusqu'à ce que le mélange nappe la cuillère. Réservez.

3. Pelez les goyaves, mixez-les avec 20 cl d'eau. Passez la purée obtenue au chinois pour en éliminer les graines.

4. Mélangez la purée de goyaves avec la crème fleurette. Zestez le citron vert et ajoutez le zeste finement haché à la préparation ainsi que le jus du citron. Mélangez bien le tout et faites prendre dans une sorbetière pendant 30 min.

Carrément cuisine

Découvrez tous les titres de la collection !

5,95 €

100 RECETTES

100 listes
de courses
à flasher

Crédits des recettes :
Bérangère Abraham : p. 158 ; Poonam Chawla : pp. 136, 138, 140, 142, 144, 146, 148 ; Aurélie Desgages pp. 26, 32, 34, 36, 38, 40, 152, 154, 162 ; Marie-Bénédicte Desvallon : pp. 166, 168, 170, 172, 174, 176, 178, 180, 182, 184, 186, 188, 190, 192, 194, 196, 198, 200, 202, 204, 206, 208 ; Valéry Drouet : pp. 14, 16, 18 ; Thomas Feller : p.30 ; Eva Harlé : p. 20 ; Stéphan Lagorce : pp. 88, 90, 92, 94, 96, 98, 100, 102, 104, 106, 108, 110, 112, 114, 116, 118, 120, 122, 124, 126, 128, 130, 132, 134, 160 ; Audrey Le Goff : p.28 ; Mélanie Martin : pp. 42, 44, 46, 48, 50, 52, 54, 102, 156 ; Philippe Mérel : pp. 58, 60, 62, 64, 66, 70, 72, 74, 76, 78, 80, 82, 84 ;Catherine Moreau : pp. 22, 24 ; Suzy Palatin : pp. 212, 214, 216, 218, 220.

Crédits des photos :
© Pushan Bhowmick Chawla : pp. 137, 139, 141, 143, 145, 147, 149 ; © Nathalie Carnet : p. 23 ; © Maxime de Bollivier : pp. 21, 25 ; © Eric Fénot : pp. 30, 212, 214, 216, 218, 220 ; © Valéry Guédes : pp. 59, 61, 63, 65, 67, 69, 71, 73, 75, 77, 79, 81, 83, 85, 103, 159 ; © Julie Méchali : pp. 42, 44, 47, 49, 51, 53, 55 ; © Françoise Nicol : pp. 89, 91, 93, 95, 97, 99, 101, 105, 107, 109, 111, 113, 117, 119, 121, 123, 125, 127, 129, 131, 133, 134 ; © Rina Nurra : pp. 27, 153, 155, 163 ; © Aline Princet : pp. 29, 157, 167, 169, 171, 173, 175, 177, 179, 181, 183, 185, 187, 189, 191, 193, 195, 197, 199, 201, 203, 205, 207, 209 ; © Amélie Roche : p. 161 ; © Philippe Vaurès-Santamaria : pp. 33, 35, 37, 39, 41.

Direction : Catherine Saunier-Talec

Responsable éditoriale : Céline Le Lamer

Responsable artistique : Antoine Béon

Conception graphique et couverture : Pauline Ricco

Fabrication : Amélie Latsch

Partenariats : Sophie Morier (smorier@hachette-livre.fr)

L'éditeur remercie Alice Dauphin pour son aide précieuse.

Dépôt légal : Juin 2014

23-8762-9/01

ISBN : 978-2-01-238762-1

Achevé d'imprimer en Espagne par Macrolibros.